Paul Noack:
Olympe de Gouges
1748–1793
Kurtisane und Kämpferin
für die Rechte der Frau

Deutscher
Taschenbuch
Verlag

dtv

Originalausgabe
August 1992

Umschlaggestaltung: Celestino Piatti
Umschlagabbildung: Bibliothèque Nationale,
Paris (Ausschnitt aus einer Radierung,
18. Jahrhundert)
Umschlagfoto Rückseite: Jürgen A. Schwarz
Gesamtherstellung: C. H. Beck'sche Buchdruckerei,
Nördlingen
Printed in Germany · ISBN 3-423-30319-0

Inhalt

Für Hella

Die Guillotine

Am 3. November 1793 ist ein sintflutartiger Regen über Paris niedergegangen. Noch glänzen am Nachmittag die Pflastersteine, da öffnen sich auf der Ile de la Cité die schweren Eisenportale der Conciergerie, dieses mittelalterlichen Vorzimmers des Todes, das die Verurteilten der Französischen Revolution festhält. Heraus rollt, von einem Karrengaul gezogen, ein Wagen, auf dem eine Frau sitzt. Ihr geschorener Kopf ist von einer Leinenhaube bedeckt. Ein lautes Murmeln erhebt sich in der Menge, als ihr Blick auf die Verurteilte fällt. Flankiert von Gendarmen zu Pferde und Soldaten der Nationalgarde, wendet sich der Karren nach links, überquert den Pont de Change, fährt die Rue de la Monnaie, dann die Rue Saint-Honoré entlang, damals die belebteste Straße von Paris. Eine Stunde dauert die Fahrt. Der Pöbel hängt in den Fenstern, sammelt sich an den Straßenkreuzungen und auf den Stufen der Kirche Saint-Roch. Er geifert, wie er es stets in diesen Tagen tut, wenn die Opfer des Terrors durch die Straßen gefahren werden. Marie-Antoinette, die Königin, ist wenige Tage zuvor, am 16. Oktober, enthauptet worden; die schöne und kühle Madame Roland wird am 8. November dem vorgezeichneten Wege folgen.

Es ist eisig. Kaum fünf Grad zeigt das Thermometer. Die Frau auf dem Karren, die Hände hinter dem Rücken zusammengebunden, zittert in ihrem armseligen Kleid vor Kälte, vor Erschöpfung und auch vor Todesangst. Für einen Augenblick weint sie, doch sie fängt sich wieder. Vielleicht schießt ihr auch der Gedanke durch den Kopf: Dieses verwünschte Verlangen nach Ruhm – warum wollte ich eine andere sein, als ich war? Vielleicht aber ist dies auch nur die letzte Anekdote eines anekdotenreichen Lebens. Ein Augenzeuge meint, die Frau auf dem Karren sei auf ihrem letzten Wege »ebenso schön und tapfer gewesen wie Charlotte Corday«, die Mörderin Marats, die schon im Juli enthauptet worden war. Selbst Jules Michelet, der große Historiker der Französischen Revolution, der sich gar nicht erst die Mühe machte, ihr gerecht zu werden, schreibt über die letzte Stunde dieser Frau: »Sie fand allen ihren Mut vor dem Schafott wieder.«

Die Rue Saint-Florentin ist so eng, daß jede Gemütsregung der Gefangenen für die gaffende Menge zu erkennen ist. Die vielen Frauen, die darunter sind, zeigen nur wenig Mitleid für ihre Geschlechtsgenossin. Dann öffnet sich die Straße hin zur Place de la Révolution – die Guillotine wird sichtbar. Die Frau auf dem Karren ist nun wieder ruhig. Beim Anblick der Limonadenverkäufer und fliegenden Händler, die jede Hinrichtung, und natürlich auch die ihre, die der ehemaligen Femme galante, zu einem Volksfest machen, murmelt sie vor sich hin: »Sie werden zufrieden sein, sie werden den Stamm und den Ast der Revolution zerstören ...«

Vor dem Spiegel des kleinen Saales, in dem die zum Tode Verurteilten in der Conciergerie ihre letzte Toilette machen dürfen, hatte sie sich noch zugelächelt: »Gott sei Dank ist mein Gesicht nicht zu blaß; es wird mir keinen Streich spielen.« Nun allerdings ergreift auch sie die Blässe, die jeden ergreift, der vor einem gewaltsamen Tode steht. Doch festen Schrittes betritt sie die Plattform, auf der die Guillotine montiert ist. Von der Höhe schaut sie auf die Menge, mustert sie gefaßt und ruft: »Enfants de la patrie, ihr werdet meinen Tod rächen.« Doch die Tage des Terrors in Frankreich sind keine Stunden des Mitgefühls. »Es lebe die Republik«, hallt es ihr mitleidlos entgegen. Das Fallbeil saust nieder, der Kopf der Enthaupteten wird von einem Korb aufgefangen. Nur einer in der Menge, so hat ein Polizeiagent aufgezeichnet, soll gesagt haben: »Dies hier ist ein Platz, an dem schon soviel Geist getötet worden ist, und man wird weiter töten.« Er hatte recht.

So also endet Marie Gouze, die sich Marie Olympe de Gouges nannte. Sie ist eine der wenigen Frauen, die in der Französischen Revolution eine unverwechselbare Rolle spielten. In ihrer ›Erklärung der Frauenrechte‹ von 1791 hat sie die Problematik der Frauen nicht nur ihres Jahrhunderts und nicht nur der Revolution zusammengefaßt: »Sie haben ein Recht auf das Schafott, also haben sie auch ein Recht auf die Tribüne.« Das Schafott betrat sie wie andere Frauen auch; die Tribüne der Volksvertretungen jedoch blieb ihr verschlossen, das Recht zu wählen versagt, ihr, der Angehörigen eines Geschlechts, von dem sie 1791 geschrieben hatte: »Dieses früher gering geachtete, jedoch respektierte Geschlecht ist durch die Revolution zu einem ebenso geachteten wie verachteten Geschlecht geworden.« Ob eine von den Frauen, die Olympe noch im Tode niederschrien, auch nur ahnte, daß sie deshalb starb, weil sie einen Diktator namens Robespierre einen Diktator genannt hatte? Ob sie wohl wußten, daß Olympe es war, die bis zum letzten für sie gekämpft hatte? Ob sie einen Gedanken darauf verschwendeten, daß sie die unmenschlichen Zustände angeprangert hatte, unter denen viele Mütter ihre Kinder zur Welt brachten? Ihre Freunde sind eingeschüchtert, vielleicht eingesperrt oder gar schon guillotiniert. Sie stirbt allein.

Vierzehn Tage nach Olympes Hinrichtung fährt Chaumette, der radikale Vorsitzende der Pariser Kommune, eine Abordnung von Frauen, die in roten Jakobinermützen in den Sitzungssaal gestürmt waren, mit den Worten an: »Es wäre gut, wenn ihr euch an die unverschämte Olympe de Gouges erinnertet, die als erste die Gesellschaft der Frauen begründete, die Haus und Herd verließ, um sich in die Geschäfte der Republik zu mischen, und deren Kopf unter dem rächenden Schwert des Gesetzes gefallen ist.« Das Todesurteil, das wenige Tage zuvor gegen sie ergangen war, hatte etwas anderes gesagt. Aber Chaumette hatte dennoch recht. An ihr war ein Exempel statuiert worden, das besagte: So geschieht es all denen, die sich erfrechen, in die Revolution einzubrechen, und eine Revolution in der Revolution machen wollen. Es war nicht nur ein Urteil gesprochen, es sollte das ganze weibliche Geschlecht eingeschüchtert werden. Der Pariser ›Moniteur‹ schlug in dieselbe Kerbe: »Olympe de Gouges, geboren mit einer überspannten Phantasie, hielt ihren Wahnsinn für eine Eingebung der Natur. Ein Staatsmann wollte sie sein; das Gesetz wird diese Verschwörerin wohl dafür bestraft haben, daß sie vergessen hatte, was sich für ihr Geschlecht geziemt.«

Dies war ihr Ende: Doch wie verlief die Geschichte einer Frau, die eindrucksvoller als jede andere den Willen der Frauen zur universalen Egalité, zur allseitigen bürgerlichen Gleichberechtigung, in der Französischen Revolution verkörpert hat?

Woher nahm diese Einzelgängerin die Kraft, nahm sie das Standvermögen, sich in die »große Revolution« der Männer einzumischen? Ohne ihre Vorgeschichte wäre sie vielleicht nicht Olympe de Gouges geworden.

Das erste Leben

Olympe und Montauban

Montauban, am 8. Mai 1748. Wie seit Jahrtausenden rauscht der Tarn, schön und drohend, unter dem Pont Vieux vorbei. Das angeschwemmte Treibholz an den Brückenpfeilern zeugt von Hochwasser nach einem schweren Unwetter. Duft von Thymian und Flieder liegt in der Luft; der Frühling kommt früher als anderswo ins Quercy. Die Geschichte Frankreichs ist in den letzten Jahrhunderten am Tarn vorbeigerauscht: die grausamen Kreuzzüge Papst Innozenz' II. im 13. Jahrhundert gegen die Albigenser, die Armut predigten und die Heirat abschaffen wollten; die Kämpfe der französischen Valois gegen die englischen Plantagenets, die als Auseinandersetzung zwischen Familien begannen und mit Jeanne d'Arc die nationale Einigung Frankreichs brachten; die Religionskriege des 16. Jahrhunderts, die das Land zerrissen. Da wurde Montauban zum Bollwerk des Protestantismus und mußte sich dann doch vor seiner katholischen Majestät, König Ludwig XIII., ergeben. 1629 hatte Richelieu dieses Bollwerk geschleift. Heute noch steht weiß und fremd die Kathedrale, dieses Monument der Gegenreformation, in der Stadt, deren Bürger durchaus nicht alle dem Protestantismus abgeschworen haben. Dieser umstrittene Streifen Land nördlich von Toulouse – zwischen dem Quercy und der Gascogne – war anscheinend schon immer ein Gebiet, hinter dessen harmonischen Umrissen sich Streitlust, Rachsucht, geheime und offene Aufsässigkeit, der Drang nach Freiheit verbargen.

Montauban am 8. Mai 1748. Vierzigtausend Einwohner leben hier. Die Steinmasse des Stadtschlosses der Bischöfe hebt sich kaum von der verwinkelten Silhouette der rosa Oberstadt, »ville rose« nennt man sie noch heute, ab.

Aus Backstein sind alle Bürgerhäuser gebaut und ebenso der schmucklose, dennoch majestätisch wirkende Bau der Cour des Aides, des Gerichtshofes, in dem die Bürger um Gerechtigkeit vor dem Steuerzugriff des Staates nachsuchen können. Hier oben, rund um die Place Royale, die die Einheimischen »Les Couverts« nennen, haben sich Handel und Gewerbe angesiedelt, auf dem gegenüberliegenden flacheren Ufer der Vorstädte arbeiten die wichtigsten Industrien, die der Tuchweber und Tuchscherer, drehen sich die vielen Mühlen.

Ein Dreigestirn gibt in Montauban den Ton an: der königliche Intendant, der Bischof und der Präsident der Cour des Aides. Und es herrscht hier eine merkwürdige Stimmung: Auf die bürgerliche und bäuerliche Bevölkerung ist eine ursprünglich fremde Oberschicht aufgepfropft worden, die sich zwar teilweise assimilierte, doch mit dem Leben der Bewohner Montaubans nur wenig zu tun hat. Zwei Jahre zuvor ist von einem gewissen Jean-Jacques Lefranc de Pompignan, von dem später ausführlicher die Rede sein wird, eine Akademie der Wissenschaften, die dreizehnte in Frankreich, gegründet worden. Sie hat mit den Philosophen, mit den Aufklärern nicht viel im Sinn. Alle dreißig ordentlichen und die zehn auswärtigen Mitglieder gehören dem Adel und der Geistlichkeit an; kein Bürger, kein Protestant ist dort zu finden – bis hin zur Revolution. Erst in den achtziger Jahren unseres Jahrhunderts ist, Tradition verpflichtet, die erste Frau dort aufgenommen worden.

Montauban am 8. Mai 1748. An diesem Tage wird in der Wehrkirche Saint-Jacques, deren gotischer Turm noch die Spuren der königlichen Kanonade von 1621 trägt, inmitten der Altstadt ein kleines Mädchen auf den Namen Marie Gouze getauft. Im Register der Kirche heißt es lakonisch: »Marie Gouze, legitime Tochter des Pierre Gouze, Metzger, und der Anne-Olympe Gouze, verheiratet, aus dieser Kirchengemeinde, wurde am 7. Mai 1748 geboren und am nächsten Tage getauft.«

Doch das eben ist sie nicht. Schon dieser Tag ist der Grund dafür, daß Marie Gouze sich später Olympe de Gouges nennt, schon hier beginnt der Roman ihres Lebens.

Ihr Vater ist bei der Taufe nicht anwesend. Er hat es vorgezogen, nicht zu kommen. Er weiß, er kann nicht ihr Erzeuger sein; dazu war er zu lange abwesend. Die Spatzen pfeifen es von den Dächern, wem Marie ihr Leben verdankt: Es ist Jean-Jacques Lefranc de Caix des Lisle et de Pompignan, kurz Lefranc de Pompignan, seit einem Jahr Präsident der Cour des Aides und damit Dritthöchster in der Hierarchie dieser Stadt.

Die Grausamkeit der Flaucourt

Illegitime Töchter zu haben, das ist in der Zeit des Ancien Régime für Aristokraten, selbst für Könige, keine Ausnahme und keine Schande. Madame de Montespan, seine Mâitresse en titre, gebar Ludwig XIV. allein acht Töchter, und einige von ihnen heirateten wieder die Söhne seines Bruders. Aber Montauban ist nicht Paris und das winzige Pompignan nicht Versailles. Dies hier ist ein kleines, nicht nur festgefügtes, sondern starres Universum. In ihm weiß nicht nur jeder, wo er seinen Platz hat. Er weiß auch von Geburt an, daß er den Platz, den das Schicksal ihm zugewiesen hat, nicht mehr verlassen kann. Noch dauert es Jahrzehnte, bis Beaumarchais in seiner ›Hochzeit des Figaro‹ dichten darf: »Wir nehmen unser Leben aus des Schicksals Händen./So wird dieser König, und ein anderer durchstreift das Land./Wäre der Zufall nicht, es könnte vieles anders enden./Doch ändern kann das nur der Verstand.« Der Katholizismus auf dem Lande, das ist nicht der lebensfrohe, auch frivole Katholizismus der Abbés und Prälaten der Hauptstadt, es ist der Katholizismus der Gegenreformation. Hier spricht man nicht nur von seinen Prinzipien; hier ist selbst der Adel gezwungen, nach ihnen zu leben.

Das Auge des Nachbarn ist überall, spart auch das Stadtschloß der Pompignans in der Rue de la Vieille Comédie nicht aus, ein Gebäude mit einem kunstvoll geschmiedeten Gitter, Seitenflügeln, einem breiten Hof und dem Wappen der Familie über der Eingangstür, fast zu mächtig für die schmale Gasse, in dem es steht. Und so blieb auch diese gebeugte Gestalt im dunklen Mantel nicht unbemerkt, die, den Dreispitz ins Gesicht gezogen, sich so oft in die Rue Fourchue begab, wo die hübsche Frau Gouze wohnt ...

Es ist Jean-Jacques Lefranc de Pompignan, und er ist eine ebenso denk- wie merkwürdige Erscheinung in der Geschichte Montaubans und des Südwestens Frankreichs. Denkwürdig wird er nicht nur wegen seiner leiblichen Tochter Olympe, denkwürdig wird er auch für die Stadt selbst – noch heute trägt der Platz vor dem Theater seinen Namen. Deshalb wollen wir den Erzeuger von Marie Gouze nicht sogleich entlassen. Hätte er nicht so hoch gestanden auf der sozialen Stufenleiter der Landschaft, wäre er nicht so bedeutend gewesen als Autor und dann noch so konservativ und bigott zugleich, vielleicht wäre dann die Lebenskurve Olympes anders verlaufen.

Lefranc de Pompignan hatte mit Voltaire zusammen in Paris studiert, mit ihm denselben Rhetorikprofessor am Lycée Louis le Grand gehört. Doch das war schließlich alles geblieben, was sie geteilt hatten.

In Lutech, fünfzig Kilometer nördlich von Montauban, wo der Lot früher rund um das Städtchen eine so mächtige Schleife machte, daß die Segelboote, die, voll mit Weinfässern, Bordeaux zutrieben, dadurch einen ganzen

Tag verloren, steht heute noch, fast versteckt, ein Denkmal mit seinem Porträt. Es ist eigentlich kein besonders bedeutender Kopf, der uns da anschaut, aber auch nicht unsympathisch, rund, eher gütig, wie es scheint, ein Edelmann der Zeit. Vielleicht hatte Voltaire wirklich recht, als er, der Weltläufige, diesen Lefranc einen »Kleinbürger aus einer Kleinstadt« nannte und ihm sarkastische Zeilen widmete, die samt und sonders in dieser Tonart geschrieben sind: »Wißt Ihr, warum Jeremias soviel in seinem Leben weinte?/Weil ihn, den Propheten, schon früh entsetzte/Daß Lefranc ihn übersetzte.«

Selbst die Gründung einer Akademie durch Lefranc konnte die Spötter nicht milder stimmen; schließlich war es eine Akademie, die noch im Jahre 1790 – ihr Gründer war schon sechs Jahre tot – obsolete Preisfragen über die Vereinbarkeit von »Genie und Geschmack« stellte.

Seine Geliebte Anne-Olympe Gouze, Maries Mutter, war Tochter eines wohlhabenden Tuchscherers. Sie hat die literarische Vergangenheit Lefrancs sicher nicht besonders interessiert – aber auch nicht gestört. Seit ihrer Geburt im Jahre 1714 war sie über ihre Familie mit dem Hause der Pompignans verbunden. Der fünf Jahre ältere Jean-Jacques hatte sie schon als Pate über das Taufbecken gehalten; ihre Mutter war Amme seines jüngeren Bruders, des späteren Erzbischofs und Präsidenten der Nationalversammlung gewesen. In Südfrankreich zählte so etwas über die Klassen hinweg als eine Art Blutsverwandtschaft. Jean-Jacques und Anne-Olympe hatten schon früh eine offensichtliche Zuneigung füreinander empfunden. Seine Eltern zogen es deshalb vor, ihn aus der unmittelbaren Nähe der Geliebten zu entfernen.

Als er vierundzwanzig, sie zwanzig Jahre alt ist, verschwindet er auf Wunsch seiner Eltern aus der Stadt – angeblich weil er mit dem königlichen Intendanten in Streit geraten war. Er geht nach Paris und wird mit ›Didon‹, einem Stück, das 1735 erscheint, ein erfolgreicher

Autor. Aber er ist unglücklich in der Hauptstadt und sehnt sich nach seiner Jugendfreundin zurück. Im Jahre 1737, sie hat gerade geheiratet, versucht er erneut, nach Hause zurückzukehren. Doch wieder verbannt ihn seine Familie, diesmal nach Aurillac, ein paar Dutzend Kilometer von Montauban entfernt. Bitter beklagt er sich bei einem Freund: »Was habe ich nicht alles erduldet! Mein Leben ist ein Gewebe von Nackenschlägen, eine denkbar harte Behandlung durch die Familie und die grausamsten Liebesabenteuer, die Du Dir nur vorstellen kannst.«

Schließlich kann er sich im Jahre 1747 als Nachfolger seines Vaters als Präsident der Cour des Aides in Montauban niederlassen. Sofort flammt die alte Leidenschaft wieder auf. Der Klatsch blüht. Die einen sagen, er selbst habe Anne-Olympe einen Ehemann beigegeben, damit er um so ungestörter, weil unauffälliger, mit ihr habe zusammensein können, die anderen, er habe den Ehemann ans andere Ende Frankreichs versetzen lassen, um Anne-Olympe für sich allein zu haben. Damals ist er schon einundvierzig Jahre alt, seine Geliebte siebenunddreißig Jahre, für damalige Begriffe eine alte Frau. Aber eines ist sicher: Die Beziehung der beiden bleibt nicht ohne Folgen. Der Ehemann ist entweder tatsächlich abwesend, als Marie geboren wird, oder er hat sich ausrechnen können, daß das Kind nicht von ihm stammt: Daß er nicht im Taufregister genannt wird, spricht jedenfalls für sich. Marie, drittes Kind der Anne-Olympe Gouze, schreibt sehr viel später in einem autobiographischen Roman: »Welcher Ausdrücke soll ich mich bedienen, um nicht das Schamgefühl, das Vorurteil und das Gesetz zu verletzen, wenn ich die Wahrheit sage? Tatsache ist, daß sich meine Mutter, verheiratet, einem Mann hingibt, den sie schon als junges Mädchen geliebt hatte, den sie anbetet, den sie heiraten wollte, den man aber von ihr getrennt und dann nach Paris geschickt hatte, von wo er zwar berühmt, doch nicht geheilt von seiner Passion zurückkam. Und daß zu diesem Zeitpunkt der Ehemann abwesend war, erleichterte das Wiederaufleben der Liaison zusätzlich.«

Zwei Jahre später jedenfalls, 1750, stirbt Pierre Gouze, der Ehemann, erst dreiunddreißig Jahre alt; man weiß nicht, an welcher Krankheit, unter welchen Umständen. Die Vermutung ist erlaubt, daß er im Hochwasser des Tarn umgekommen sei. Damals sind jedenfalls fünfzehnhundert Häuser von dem reißenden Strom weggerissen worden.

Nun will der Graf, in dessen Arme die Mutter vom Grabe ihres ungeliebten Mannes geeilt ist, Marie in seine Obhut nehmen, um sie standesgemäß zu erziehen. Doch Anne-Olympe verweigert sich diesem Ansinnen, weil sie weiß, daß diese Erziehung den endgültigen Verlust ihrer Tochter bedeutet hätte. Vergrämt, so sieht es aus, zieht sich Lefranc de Pompignan zurück; er beginnt in seinem Dorf Pompignan an seinem Schloß zu bauen, das sich heute noch so abweisend darstellt, wie er selbst im Alter gewesen sein muß, heiratet die fünfundzwanzigjährige Marie-Antoinette Felicité de Caulaincourt, die ihm noch einen Sohn schenkt, stattet seine Schloßkirche mit den reichen Beständen des 1762 aufgelösten Jesuitenordens aus – und vergißt seine Geliebte samt deren Tochter. Keine menschliche Zuwendung mehr, keine materielle Unterstützung. Viel, viel später, kurz vor seinem Tode 1784, schreibt er seiner leiblichen Tochter, die ihn von Paris aus an seine Vaterschaft erinnert, den Brief eines müde gewordenen Literaten: »Wenn es wahr ist, daß die Natur in Ihnen spricht, und wenn meine unbedachten Liebkosungen in Ihrer Jugend und das Geständnis Ihrer Mutter es Ihnen bestätigen, daß ich Ihr Vater bin, dann tun Sie das, was ich tue, und seufzen Sie über das Los derjenigen, die Ihnen das Leben gegeben haben.«

Seufzen war das, wozu seine leibliche Tochter am wenigsten fähig war: Sie veröffentlichte im Todesjahr ihres Vaters den Briefroman ›Memoiren der Madame Valmont über die Undankbarkeit und die Grausamkeiten der Familie der Flaucourt gegenüber der ihrigen‹, in dem sie mit den Pompignans abrechnet. Zwar waren schon damals die ersten Sturmschwalben der Revolution erkennbar; dennoch war es noch nicht ungefährlich, sich mit denen anzulegen, die die Macht hatten: Eine sogenannte »lettre de cachet«, eine jener berüchtigten Einweisungen in ein Gefängnis, war schnell ausgestellt. Daher der Deckmantel des Briefromans, mit dem sie ihre eigene Geschichte umgibt. Der Tatbestand ist allerdings klar: Olympe, das ist die »Olinde« des Romans, und die undankbaren »Flaucourt«, das sind die Pompignans. Immer wieder greift Olympe auf diesen Kunstgriff zurück, sich selbst in literarischer Verkleidung zu Wort kommen zu lassen. Memoiren hat sie nie geschrieben.

Dem Marquis war schon lange zuvor nur noch seine Feindschaft zu Voltaire geblieben. Böse Zungen behaupten, er habe nach einem Schlaganfall – er hatte die letzte Ölung noch nicht erhalten – selbst dadurch nicht ins Leben zurückgeführt werden können, daß man ihm die Wörter »Teufel« und »Hölle« ins Ohr flüsterte. Erst als sich seine junge, bigotte Frau, um sein Seelenheil fürchtend, zu ihm niedergebeugt und gesagt habe: »Mein lieber Gemahl, wenn Sie sich nicht unseren Wünschen fügen, dann werden Sie auf ewig an der Seite dieses Schurken Voltaire schmoren«, da habe der Kranke sich aufgerichtet, von der schlimmsten aller Todesaussichten gepeinigt. Im Jahre 1784 ist er also in seinem Schloß in Pompignan gestorben, im selben Jahr, als seine Tochter in Paris ihre literarische Karriere begann.

Ein Mädchen namens Babichette

Marie Gouze, die sich später Marie-Olympe de Gouges nennt, hat also einen Vater nie wirklich gekannt: Der erste Vater stirbt zu früh, der zweite Vater hält sich von ihr fern, den dritten Vater – die Mutter heiratet noch einmal einen Stadtpolizisten – empfindet sie nur als Last. So wächst sie ohne männliche Bezugsperson im Mittelstandsmilieu von Montauban auf: Tochter eines Grafen, was ihr die Mutter nicht verheimlicht haben dürfte, begabt ebenso mit einem unstillbaren Hunger nach Anerkennung wie mit einer rastlosen Phantasie, dazu mit einem hochentwickelten Gerechtigkeitssinn. An ihren legitimen Vater hat sie keinerlei Erinnerung. Daß aber ihr leiblicher Vater sie nicht anerkannte, hat zweierlei zur Folge: Zum einen hat sie den Wunsch, ihm nachzueifern, um sich seiner würdig zu erweisen; zum anderen aber ist ihr die Institution Ehe von Anfang an verdächtig. Sie hat ihr niemals Schutz gewährt, nicht als Tochter und dann nicht als Ehefrau.

Doch vorläufig ist sie noch eines der vielen hübschen Mädchen der Provinz, die kein anderes Kapital haben dürfen als ihr angenehmes Äußeres – und auch das ist nicht allzuleicht an den Mann zu bringen, wenn man Ansprüche stellt. Später hat sie bedauert, daß ihre Mutter das Angebot des Grafen ausgeschlagen hatte, ihr eine standesgemäße Erziehung zukommen zu lassen. Denn was ihr – sie bemerkt das rasch – wie auch den meisten Frauen fehlt, ist eine angemessene Bildung. In der Schule der Ursulinen von Montauban lernt sie mehr schlecht als recht Lesen und Schreiben. Dabei ist schon dies etwas Besonderes, denn viele ihrer Zeitgenossinnen – weit mehr als die Hälfte – sind Analphabetinnen.

Unter diesem Defizit hat sie ihr Leben lang gelitten. Sie hat es allerdings mit vielen, auch Mitgliedern privilegierter Schichten, geteilt. Daß sie ein wenig schreiben konnte, das beweisen zumindest die letzten, von Todesangst geprägten zittrigen Schriftzüge ihres ›Letzten Willens‹ aus dem Jahre 1793. Aber, davon abgesehen, hat sie lange in einer Kultur gelebt, in der die Schriftsprache keine große

Rolle spielte und Französisch schon gar nicht. Okzitan ist ihre erste Sprache, die sie von ihrer Geburt bis zu ihrer Hochzeit spricht. Später sagt man von ihr abwertend, sie habe nicht zwei Sätze reines Französisch sprechen können. Alle um sie herum – die höheren Stände, die Arbeiter wie die Bauern – sprechen okzitanisch. Französisch bleibt für sie etwas Künstliches, Aufgesetztes. In einem Brief, sie ist schon in Paris, schreibt sie: »Aufgewachsen in einer Gegend, in der man nur schlechtes Französisch spricht, kenne ich nicht einmal dessen Grundlagen.« Montauban hat sie also geformt – auch wenn sie später von ihrer Heimatstadt nicht mehr allzuviel wissen will. Sie kehrt nach ihrer Abreise niemals mehr dorthin zurück.

Man kann sich zwar vorstellen, wie Olympe in den Jahren zwischen 1748 und 1764 – dem Jahr, in dem sie Montauban wahrscheinlich verließ – gelebt hat. Nur weiß man nicht viel davon. Nicht nur, was ihre Jugend anbetrifft, hält sie sich eigentümlich bedeckt. Dies wäre dann verständlich, wenn sie in Paris eine Herkunft vorgetäuscht hätte, die der Wahrheit nicht entsprach. Aber das Wenige, was sie über diese Zeit sagte oder schrieb, ist stimmig, ist zumindest in den Grundzügen nachprüfbar, sogar die Behauptung, ihr Großvater sei »avocat« gewesen, worunter man im allgemeinen einen Rechtsanwalt verstand. Das war dieser Großvater zwar nicht, wohl aber der Vertreter seiner Zunft, der Tuchscherer, die er vor den Handelsgerichten vertrat. Wenn sie sich also freier zu ihrer Herkunft bekannt hätte, dann wäre dabei herausgekommen, daß sie ein Produkt der Natur war; alles nur sich selbst zu verdanken hatte und von niemandem abhängig gewesen ist. Das hat sie später immer wieder voller Stolz für sich, für ihre Verdienste wie aber auch für ihre Schwächen ins Feld geführt. So hat ihre Verschwiegenheit, hat die Eigenheit, daß sie nur bruchstückhaft ihre frühe Vergangenheit bloßlegt, offensichtlich etwas damit zu tun, daß sie in ihrer Pariser Zeit an das »andere«, frühere Leben nicht mehr erinnert werden wollte. Nicht die Stadt Montauban war es, die sie verabscheute, nicht deren Kleinräumigkeit und Enge, wohl aber die bigotte Frömmigkeit der Oberschicht, die alle Fröhlichkeit erstickte. Und es war wohl auch ihre Heirat, es waren die wenigen Jahre eines unglücklichen Ehelebens, die sie aus ihrem Gedächtnis zu streichen wünschte.

So sind wir im wesentlichen auf die Lästerzungen aus ihrer Pariser Zeit angewiesen, wenn wir uns ein Bild davon machen wollen, wie Olympe die Zeit zwischen ihrem ersten und achtzehnten Lebensjahr verbracht hat. Daß man überhaupt etwas weiß, ist vor allem dem Interesse zu verdanken, das sie in ihrer Hauptstadt findet. Da wollten ihre Liebhaber und deren Freunde doch gerne wissen, was es mit der schönen »Languedocienne«, dieser vor Temperament überschäumenden Unbekannten aus der Provinz, eigentlich auf sich habe.

Wie auch immer: Sie muß außerordentlich hübsch gewesen sein, ein knabenhaft schönes junges Mädchen haben wir uns vorzustellen. Sicher besaß sie bereits jene koboldhafte Behendigkeit, die sie später auszeichnete. Und kokett dürfte sie auch gewesen sein. »Babichon« oder »Babichette« – »la biche« heißt im Französischen das Reh – sei sie, so berichtet das Klatschmaul Restif de la Bretonne, ein Konkurrent des Marquis de Sade, in seinem ›Almanach der berühmten Damen‹ aus dem Jahre 1794, damals genannt worden.

Verfluchte Heirat

Mit sechzehn, so weiß man, ist Marie einem Mann angetraut worden. Wer es war, wie alt er war, von welchem Stand, das ist unklar. Die Quellen aus zweiter Hand widersprechen sich. In ihrer Widersprüchlichkeit sind sie Zeichen dafür, daß Marie für das Pariser Milieu etwas Rätselhaftes an sich hatte, daß sie eine Ausstrahlung gehabt haben muß, der man sich durch die Mystifizierung ihrer Kindheit anzunähern versuchte. Wie immer die Chronisten zu ihr stehen, kalt gelassen hat sie keinen, in Paris nicht wie vorher schon nicht in Montauban. Die erotische Phantasie der Zeitgenossen hat sich schon früh ihrer bemächtigt.

Restif kolportiert eine der Geschichten ihres Abschieds von Montauban so: Ein reicher Mann habe bei ihrem Vater logiert und sich sogleich in sie verliebt. Um sich Babichette gefügig zu machen, habe er so getan, als sei er todkrank und könne nur durch ihre Liebe gerettet werden. Da er mit ihr schlafen wollte, kaufte er sich einen Arzt, der dem jungen Mädchen erklärte, nur wenn sie eine Nacht bei dem Kranken bliebe, könne dieser genesen. Sie tat wie ihr geheißen – und dann geschah das, was zu erwarten war. Am nächsten Morgen bezahlte der reiche Mann dankbar dem Vater ein Handgeld und nahm die Kleine mit sich.

Spätere Äußerungen von ihr deuten darauf hin, daß sie in Montauban einen älteren Mann kennen- und liebengelernt hatte. Eine poetisch gefärbte, wenn auch kaum realistische Schilderung der Vorgeschichte ihrer Heirat hat der montalbanesische Romantiker Mary Lafont hinterlassen:

Im Jahre 1764, sie ist gerade sechzehn Jahre alt, dunkellockig, sentimental, wird der neue Theatersaal in Montauban auf Veranlassung des Duc de Richelieu, des Gouverneurs von Guyenne, mit einer Aufführung von ›Didon‹, jenes Stückes, mit dem der Sohn der Stadt, Lefranc de Pompignan, in Paris berühmt geworden war, eröffnet. »Alles, was hier Federn, Perücke oder Degen trug, war gekommen, um dem Stück des Landsmannes zu applaudieren. Es war ein schönes Publikum, schimmernd von

Samt, Stickereien und Diamanten. Es trug mit Grazie und Noblesse diesen hohen Luxus der Privilegierten zur Schau, der bald für immer durch die schreckliche Hand der Revolution zerstört werden sollte ... Zwei Frauen im zweiten Balkon zogen alle Augen auf sich. Die eine war groß, wohlgestalt und immer noch ansehnlich, obwohl sie ihre dreißig Jahre hinter sich hatte, wogegen die andere, kaum fünfzehn Jahre alt, großartig das vollkommene Ideal der Schönheit des Midi verkörperte: Sie hatte Augen, die sprühten vor Lebendigkeit, wunderschöne schwarze Haare, deren Locken unter einer kleinen Spitzenhaube hervorquollen, ein griechisches Profil und eine Taille, die wunderbar durch eine breite Schärpe aus rosa Seide unterstrichen wurde. Wenn auch jeder dieses schöne Mädchen betrachtete, so doch keiner mit größerer Begeisterung als ein sorgfältig gepuderter älterer Herr, gekleidet in einen Seidenanzug von taubengrauer Farbe und einer weißen, goldbraun bestickten Weste.« Diesen Mann, so heißt es anschließend in dem romantischen Bericht, habe sie geheiratet. Bald darauf sei er – gemäß dem französischen Sprichwort »Streckt ein Alter die Hand nach einer Jungen aus, liegt er selbst bald im Leichenhaus« – gestorben.

Doch sah die Wahrheit weit prosaischer aus: Maries älterer Bruder Jeannot, der dem ehrenwerten Gewerbe seines Vaters, dem eines Metzgers, nachging, hatte einen jungen Mann kennengelernt, der als eine Art angestellter Koch und Traiteur die Tafel des königlichen Intendanten, des Grafen Alexis de Gourgues, versorgte. Der Bruder hat sie, die Zarte, Feine, Kokette, dem Kunden und Freund vorgestellt – der Rest war nur noch eine Sache der rechtlichen Legitimierung, nicht der Liebe. Wer fragte damals schon, ob eine Frau einen Mann wollte, die Hauptsache war, er wollte sie. Noch fügt sie sich in das, was mit ihr geschieht. Aber das Romaneske gehört schon jetzt zum Markenzeichen ihrer Existenz. Es ist die Existenz einer Frau, die geboren ist auf der Grenzscheide zwischen dem Ancien Régime und der Revolution.

Der Mann, den man für sie ausgesucht hat, heißt Louis-Yves Aubry. Daß er noch sehr jung gewesen sein muß, zeigt sich daran, daß er für seine Heirat die Zustimmung seiner Eltern einholte. Er war aus Paris nach Montauban gekommen, und so haben Bruder und Mutter, ohne Marie zu fragen, die beiden miteinander verkuppelt. Merkwürdigerweise hat das junge Paar von Anfang an notariell unter Gütertrennung gelebt. Dies ist ein Hinweis darauf, daß Marie Gouze aus nicht unbegütertem Hause stammte. So belegen es die Urkunden, die erhalten sind.

Am 24. Oktober 1765 wird in der Kirche Saint-Jean de Villenouvelle Hochzeit gefeiert. Mit dem Geld, das Marie in die Ehe bringt, macht sich Louis-Yves selbständig. Im April 1766 bemerkt Marie, daß sie schwanger ist; sie setzt ein Testament auf – die Sterbequote bei Geburten ist hoch im 18. Jahrhundert – und bestimmt ihr zukünftiges Kind zum Universalerben. Am 29. August 1766 wird Pierre Aubry, ihr einziges (zumindest einziges lebendes) Kind geboren. Dieser Sohn wird in ihrem Dasein eine wichtige Rolle spielen – unabhängig davon, daß ihre Liebe zu ihm nicht erwidert wird. Dann verschwindet Louis-Yves Aubry, der Ungeliebte, noch im Laufe des ersten Ehejahres aus ihrem Leben; man weiß nicht wann, nicht wie, nicht wodurch. Sie hat ihn gehaßt, zumindest verachtet, und weint ihm keine Träne nach. In der fiktiven, möglicherweise geschönten, dennoch einigermaßen verläßlichen Biographie der Madame Valmont beklagt sie sich folgendermaßen:

»Ich war vierzehn Jahre alt (in Wirklichkeit war sie sechzehn), als man mich mit einem Mann verheiratete, den ich nicht gern hatte, dazu war er weder reich noch von hohem Stande. Ich wurde ohne jeglichen Grund geopfert, der immerhin den Widerwillen hätte ausgleichen können, den ich für diesen Menschen empfand. Man verweigerte mir sogar, ich weiß nicht warum, die Hand eines Mannes von Stand, der mich heiraten wollte: Seitdem fühle ich mich zu Höherem berufen, und wenn ich meinen Neigungen hätte folgen können, wäre mein Leben weniger zerfleddert, und es hätte nichts Romanhaftes in ihm gegeben außer meiner Geburt.«

Wieder hat also einer jener merkwürdigen Zwischenfälle den Lauf ihres Lebens verändert, in dem die »Freiheit« eine so große Rolle spielte. Die junge Witwe, die in ihre Heirat hineingezwungen worden war, empfindet das plötzliche Verschwinden ihres Ehemannes als einen Wink des Himmels. Sie atmet auf, vergißt ihn nicht nur, sondern weigert sich auch bald, seinen Namen zu tragen. Diese eine, kurze Eheerfahrung genügte ihr ein für allemal. Sie wird sich trotz aller künftigen Liaisons nie mehr dauerhaft binden. Die Ehe ist für sie seitdem nur noch »das Grab der Liebe und des Vertrauens«.

Konsequenterweise beginnt sie ihr neues, freies Leben damit, daß sie einen anderen Namen annimmt. Sie nennt sich außerhalb der Notariate nicht mehr Marie Aubry, sondern Marie-Olympe de Gouges, dann Olympe de Gouges. Die Schreibweisen wechseln, eine verläßliche Orthographie existiert nicht. Olympe war der Vorname ihrer Mutter. Er vermittelt ihrer Phantasie etwas »Göttliches«. Gouges nennt sie sich – diese Vermutung liegt nahe – in Anklang an ihren Mädchennamen Gouze. Vielleicht ist der Name auch eine Erinnerung an den Arbeitgeber ihres Mannes, den Intendanten von Montauban. Daß sie mit einem Adelsprädikat ihren Namen aufwertet, ist keine Besonderheit. Andere Kleinbürger und berühmte Revolutionäre wie Robespierre schmückten sich auch damit; und aus George-Jacques d'Anton wurde später Danton. Für Marie Aubry war das alles aber mehr als nur der Versuch, ihre Klassenzugehörigkeit zu verwischen. Indem sie sich einen neuen Namen gab, gab sie sich eine neue Vergangenheit und gleichzeitig auch eine neue Zukunft – heute würde man sagen: eine neue Identität.

Für einige Monate verlieren sich ihre Spuren. Dabei wäre es sicher nicht uninteressant zu verfolgen, was eine junge Witwe macht, die sich als wenig anpassungswillig gezeigt hat. Getrauert hat sie bestimmt nicht. Jedenfalls sind große Ereignisse während der Entwicklungsjahre Olympes nicht dokumentiert. Dennoch sind Herkunft und Entwicklung von großer Bedeutung, weil Olympe eben nicht das geworden ist, was Millionen anderer junger Mädchen zur gleichen Zeit – nicht nur in der Provinz – geworden sind: treue, unterwürfige Ehefrauen. Sie lehnte es von nun an ab, sich an einen Mann zu binden, obwohl sie niemals materielle Sicherheit hatte. Sie zog es vor, ungeschützt in Paris zu leben und dort dem Gewerbe einer »Femme galante« nachzugehen. Sie lebte von der Liebe, wenn auch auf einem Niveau, das von dem funktionslos gewordenen, gelangweilten Adel der Hauptstadt getragen wurde. Sie war es, die später für jede Art von körperlicher Beziehung die gleichen Rechte beanspruchte wie für die Ehe. Sie war es, die für die Scheidung kämpfte, für das Recht der Frau, sie ebenso erstreiten zu dürfen wie der Mann.

Irgendwoher muß dieses Anderssein gekommen sein. Die Streitbarkeit wird einem nicht einfach in die Wiege gelegt, auch nicht unter den Bedingungen, in denen sie lebte. Streitbarkeit ist sozial vermittelt. Dieses Anderssein einer »natürlichen Tochter«, die sich als »Bastard« möglicherweise diskriminiert, sich zugleich ihrer beschränkten, bigotten Umgebung überlegen glaubt, das kann, aber das muß nicht formen. Vielleicht ist es sogar wahr, was Restif de la Bretonne von ihr behauptete: Sie sei als junges Mädchen vergewaltigt worden, möglicherweise sogar von ihrem späteren Mann, den sie deshalb mit Recht »widerwärtig« genannt habe. Das alles wäre ein weiterer Hinweis, warum sie sich aus Montauban fortstahl, alle Formen des bürgerlichen Lebens über Bord warf, sich zum Bestandteil des galanten Lebens von Paris machte. Und eine Dekade lang war sie damit ungewöhnlich erfolgreich.

Die Femme galante

Olympe de Gouges hat später viel über sich geschrieben, doch präzise Angaben zu ihrer Person und zu ihrer Vorgeschichte – von wenigen Ausnahmen abgesehen – kaum gemacht. Vieles in ihrem literarischen Schaffen hat Selbsterlebtes zum Vorbild. Indem sie über sich schrieb, konnte sie mit der Wahrheit spielen – und es der Nachwelt überlassen, was es mit der tatsächlich existierenden Marie Aubry, genannt Marie Olympe de Gouges, auf sich hatte. Daß beispielsweise erst genauere Recherchen ihr richtiges Geburtsjahr – 1748, nicht, wie sie selbst angab, 1765 – ans Licht brachten, lud in ihrer späteren Zeit zur üblen Nachrede – etwa des royalistischen Abbé Bonjou – geradezu ein. Dem gefiel überhaupt nicht, daß sich Frauen in die politische Arena drängten. Deshalb kam ihm nichts gelegener, als in ihrer Vergangenheit herumzuwühlen. »Sie gefiel einem reichen Kaufmann aus Toulouse«, schrieb er in seiner Zeitung ›Folies d'un Mois‹, »der sich für sie ruinierte, ging in die Arme eines anderen Kaufmannes über, dessen Vermögen sie ebenfalls durchbrachte, und kam dann nach Paris ... Gefiel dem einen, gefiel dem anderen, sah die Großen und vergnügte sich mit den Kleinen ... Da sie jung und hübsch war, hat sie mit reichen, angesehenen und ehrenhaften Männern zusammengelebt.«

Kein Zweifel, daß Olympe de Gouges in den Jahren, die ihrer Übersiedlung nach Paris folgen, in reichem Maße von den Freiheiten Gebrauch macht, die ihr die Hauptstadt bietet. Sie gehört sicher eine Zeitlang zu den

Frauen, von denen man sagte, sie hätten, ohne die Unverschämtheit des Lasters zu besitzen, doch auch nicht die strenge Konsequenz der Tugend gehabt. Sie selbst antwortet mit der raschen Intelligenz, die ihr zu eigen ist, auf eine Frage ihrer Gönnerin, Madame de Montesson, die sich darüber zu informieren sucht, wie sich denn die Nachfolgerinnen der berühmten, ewig jung gebliebenen Ninon de Lenclos eigentlich vorkommen: »Der Unterschied zwischen den Prüden und den Frauen, die sich offen als Femme galante zu erkennen geben, ist wie der zwischen einem Künstler und einem Amateur.« Noch in ihren Prozeßakten ist zu lesen, in ihrer »Karriere« sei sie sehr erfolgreich gewesen.

Der Beginn dieses Aufstiegs jedoch lag lange Zeit im dunkeln.

Wahrscheinlich ergreift die »unverstandene« Olympe – ähnlich wie Flauberts Madame Bovary – die erste Gelegenheit, sich aus jenem ungeliebten Umfeld zu lösen, in das sie 1748 hineingeboren worden war. Etwa um 1770, also im Alter von zweiundzwanzig oder dreiundzwanzig Jahren, ist sie zusammen mit ihrem kleinen Sohn in Paris angekommen. Dort bringt sie es ziemlich rasch zu nicht unerheblichem Wohlstand. In Montauban kann sie jedenfalls noch nicht viel Geld besessen haben: In den Heiratsverträgen war von Summen die Rede, die nicht einmal zweitausend Livres betrugen. 1788 spricht sie aber von sechzigtausend Livres. Also hat sie reiche Gönner gefunden, die ihr das Leben finanziell erleichterten.

Auf einen von ihnen trifft sie noch in ihrer Heimatstadt: Jacques Biétrix de Rozières, Sohn eines reichen Lyoneser Unternehmers, der das Monopol auf alle Warentransporte der Armee im Raum von Montauban besitzt, wo zahlreiche Truppen kaserniert sind. Mit ihm verläßt sie wenige Zeit später Montauban für immer. 1791 schreibt sie in einer ihrer zahlreichen Flugschriften von der langen Liaison einer »jungen Witwe« mit einem vierzigjährigen wohlhabenden Junggesellen. Es ist dies allem Anschein nach Jacques Biétrix. In Paris bekommt sie von ihm ein Kind, das aber nicht am Leben bleibt. Jacques ist der Mann, mit dem sie am längsten zusammengewohnt hat; er ist es sicher auch, den sie am längsten geliebt und mit dem sie sich auf ein enges Verhältnis eingelassen hat – aber sie lebt eben auch in Paris, in jener Stadt, in der das Ancien Régime in den verführerischsten und schillerndsten Farben Abschied nimmt.

Als Olympe in Paris eintrifft – so der Schriftsteller Charles Monselet – loderte das 18. Jahrhundert in seinen letzten Flammen. »Der fröhliche Zug der großen Herren und der Schauspielerinnen, die das Alter und die Politik herannahen fühlten, verdoppelte kühn noch einmal seine Laster, seine Narreteien, seine Abenteuer.« Es war diese dekadente und infame Zeit, diese einzigartige Zeit, in der der Herzog Richelieu seine Orden im Leihhaus versetzte, um der Schauspielerin Maupin Flitterkram zu kaufen; in der der alte de Chalut einer anderen Schauspielerin, der Brena, einen Besen im Wert von zwei- oder dreitausend Louisdors schickte; in der Monsieur de Villeroi sich jeden Morgen als Kaffeehausbursche verkleidete, um der Dubois, die von ihren Eltern streng bewacht wurde, die Schokolade in die Comédie Française zu bringen; in der sich die Dorval, nachdem sie Marquise d'Orval geworden war, in verhängter Karosse zum Kloster der Cordeliers begab; in dem sich die Tänzerin Martin, ebenso schön wie lasterhaft, angetan mit dem Chorhemd eines Bischofs als Frisiermantel zeigte; in der sich der Graf de la Marche jede Nacht bei der Prinzessin de Chimay durch ein Kellerfenster einschlich.

In dieser Umgebung muß Biétrix mithalten. Obwohl sie ihm keinerlei Sicherheit geben kann, erklärt er 1774 zuerst einmal – nicht wahrheitsgemäß –, dreißigtausend Livres von Olympe erhalten zu haben und acht Prozent Zinsen dafür zahlen zu wollen, einen ungewöhnlich hohen Zinsfuß für diese Zeit. Doch das bedeutet für seine Geliebte eine Rente von zweitausendvierhundert Livres im Jahr, was nicht wenig ist. Denn in den Manufakturen verdienen die Arbeiter kaum drei Livres am Tag, die Frauen einen Livre, die Kinder die Hälfte davon. Natürlich hat Olympe damals ihrem Jean-Jacques kein Geld geliehen, denn sie hatte keines oder nur wenig. Aber das »Geschenk« an ihren Freund mußte diese Form erhalten, um ein Gesetz von Ludwig XIII. zu umgehen, das jede Schenkung an Konkubinen für null und nichtig erklärte.

Das kostspielige Leben in Paris reißt die mittlerweile fünfundzwanzigjährige Olympe mit; sie hat Blut geleckt. Sie kommt mit ihrem Geld nicht aus, verpfändet die Rente, um Bargeld zu erlangen, mit dem sie wiederum ihre Schulden auslöst. Und immer wieder, so lange bis er selbst verarmt, ist es Biétrix, der ihr unter die Arme greift. 1778 hören wir von ihm, 1784 und 1785 wieder. Bis zu diesem Zeitpunkt scheint die lebenslustige junge Frau einhunderttausend Livres innerhalb von zehn Jahren verjubelt zu haben. Sicher: Sie setzt 1778 ihrer Mutter in Montauban, die dort in ärmlichen Verhältnissen lebt, eine Rente von dreihundert Livres aus. Aber sie selbst gibt ein Dutzendfaches aus. Als sie kurz vor ihrem Tode in ihrem ›Politischen Testament‹ von 1793 davon spricht, sie habe im Jahre 1788, also vor Ausbruch der Revolution, achtzigtausend Livres in bar und zwei Jahresrenten von zweitausendeinhundert und siebenhundertfünfzig Livres zur Verfügung gehabt, dazu ihren persönlichen Besitz, so ist das wohl kaum übertrieben. Als sie 1793 im Gefängnis saß, mußte sie dann allerdings ihren letzten Schmuck verpfänden, um ihre Tage in einer Art Pflegeheim verbringen zu können. Sie selbst berichtet, daß ihr Vermögen größtenteils durch ihre literarischen Versuche und ihre politische Betätigung zusammengeschmolzen sei.

Diese Summen stammten also in erster Linie von Biétrix. Dennoch behandelt sie gerade den Menschen nicht fein, dem sie ihren Pariser Einstand, ihren Lebensstandard verdankt. Als die Geschäfte von Biétrix schlecht gehen, er nicht mehr fähig ist, die fälligen Raten für ihre Rente und für ihre Wohnung zu bezahlen, verklagt sie ihn, da sie scheinbar nichts mehr mit ihm verbindet – sie hat sich inzwischen in die Arme der Literatur und der Literaten geworfen – auf Zahlung seiner Verpflichtungen, die er ja nur pro forma eingegangen war. Dafür hat sie eine Entschuldigung: Auch sie gerät mit der Revolution – und mit dem Älterwerden – in Geldnöte, sie muß 1791 einen Teil ihres Schmuckes versetzen und kann 1792 nicht mehr die Schulden bei ihren Druckern bezahlen. Nur wenige Monate vor ihrer Verhaftung – grotesk, wie sich zwei Menschen, die sich einmal liebten, angesichts der Septembermorde 1792 und des beginnenden Terrors in Paris um Renten streiten – arrangieren sich Jacques und Olympe im Jahre 1793, also zweiundzwanzig Jahre, nachdem sie sich kennengelernt haben: Er zahlt ihr neunzehntausendsechshundert Livres zurück. Damit trennen sich ihre Wege endgültig. Nur ein einziges Mal hat sie den diskreten Lebensgefährten in einer ihrer Schriften erwähnt. Man weiß, daß er da war, daß er immer wieder für die Folgen ihres finanziellen Leichtsinns einstand. Aber man weiß nicht, wie er aussah, was ihn an sie fesselte, was sie an ihn.

Olympe ist, seit sie in Paris angekommen ist, eine Frau, die wegen ihrer Schönheit von Männern – nicht nur von Biétrix – ausgehalten wird. Was sollte sie anderes tun? Frauen ihres Standes, waren sie nur hübsch genug, blieb keine andere Wahl: entweder die Enge einer Familie, in der sie Kinder in Serie gebaren, oder die Freiheit der Femme galante, die diese Freiheit im allgemeinen damit erkaufte, daß sie außerhalb ihrer Klasse, Kaste und Zunft stand. Sie verlor zwar an bürgerlicher Reputation, doch auch die Galanterie war ein Gewerbe. Und im Grunde verlor sie nicht viel: Bis zum Jahre 1776 konnten Frauen zum Beispiel nur unter der Bedingung selbst ein Modegeschäft betreiben, daß ein Mann ihm seinen Namen lieh. Man diskutierte zwar darüber, *daß* Berufe für Frauen geschaffen werden müßten, aber niemand sagte, *welche*. Von den politischen Rechten waren die Frauen ausgeschlossen. Sie durften keine offiziellen Funktionen ausüben, weder waren sie wählbar, noch durften sie wählen. Eine Ausnahme bildeten allein jene Frauen, die im Besitz von Land waren. Das Feudalrecht besagte nämlich, daß das Wahlrecht an Grundbesitz gebunden ist, auch dann, wenn er einer Frau gehört.

Nur über ihre erotische Ausstrahlung also vermochten die Frauen des »galanten« Zeitalters »Karriere« zu machen. Gerade war Jeanne Bécu, nun Gräfin Du Barry, aus dem Stande der Femme galante zur Favoritin, Mätresse und Ratgeberin von König Ludwig XV. aufgestiegen. Die Ehe ist somit, insbesondere für die Aristokratie, bloße Konvention, an die sich keine der beiden Seiten hält, die Liebe ein Gesellschaftsspiel. Der spätere amerikanische Senator Morris, damals auf Reisen in Paris, trägt 1789 folgende Episode in sein Tagebuch ein: »Monsieur de Villeblanche erzählte mir eine Geschichte, die die damals herrschende Moral der Franzosen gut charakterisiert. Seine Frau war mit einer Freundin gekommen. Sie waren getrennt worden, und als er sie wieder traf, unterhielten sie sich lange, ohne daß die Damen wußten, wer zu wem gehörte. Als der Ball zu Ende war und sie alle drei nach Hause gingen, neckte seine Frau die Freundin mit ihrem Pech, daß sie alleine sei. Die konnte sich nur mit der Entschuldigung verteidigen, sie habe nicht annehmen können, daß die beiden verheiratet seien, da sie zusammen ausgingen.«

Olympe macht sich keine Gedanken um die Zukunft. Noch ist in ihren ersten Jahren in Paris Ludwig XV. auf dem Thron. Die Gräfin Du Barry, eine ehemalige Modistin, versüßt des Königs letzte Lebensjahre, bevor sie sich nach dessen Tod auf das Schloß Louveciennes zurückzieht, das Ludwig XV. für sie bauen ließ. Zwei Jahrzehnte später erwartet auch sie die Guillotine. Die Frauen haben keine Freiheit, aber sie üben sich in der Libertinage. Ein Satiriker schreibt: »Die Frauen bewegen sich in den Straßen von Paris mit einer Freiheit, die man so in keiner anderen Stadt Europas findet. Die Pariserinnen sind selten schön; aber nichts auf der Welt ist mit ihrer Anmut, ihrer Lebhaftigkeit vergleichbar, nichts mit ihrer Beredsamkeit wie ihrer Finesse. So gewinnen sie immer und verlieren nie etwas; sie befehligen ihre Ehemänner und gehorchen niemandem.«

Tanz auf dem Vulkan

Die Gesellschaft der zweiten Hälfte des 18. Jahrhunderts ist manieriert und dekadent. Männer spielen auf der Straße mit Gliederpuppen; Frauen tragen Schönheitspflästerchen, und beide Geschlechter kommen auf hohen Sohlen und Absätzen daher. Die Reifröcke werden immer ausladender. Die gepuderten toupierten Frisuren umgeben die Gesichter der Frauen wie bleiche Heiligenscheine. Die Perücken der Männer wallen auf ihre Schultern hinab. Sie werden überragt von einem kleinen Dreispitz. Stände, wo Sonnenschirme gemietet werden können, haben sich auf beiden Seiten des Pont Neuf etabliert, um diejenigen vor den Strahlen der Sonne zu schützen, die ihn passieren. In achthundert Cafés wird ununterbrochen und aufs intensivste diskutiert. Eintausendzweihundert Damenfriseure hat man damals in Paris gezählt und dreiunddreißigtausend Prostituierte bei einer Bevölkerung von etwas mehr als einer halben Million.

Auch wenige Jahre später, etwa 1774, nachdem Ludwig XVI., tugendhafter, aber auch phlegmatischer und antriebsärmer als sein Vorgänger, den Thron bestiegen hat, hat sich in Paris nicht viel geändert. Derselbe Luxus, dieselbe bizarre Mode, vielleicht noch ein wenig übertriebener. Die Männer tragen Stöckchen statt Degen. Hüte in den ausgefallensten Formen sind der letzte Schrei. Die Dame à la mode trägt die Frisur in Schneckenform gesteckt, die Männer kleine weiße Dreispitze. »Eine wahre Tollwut hat alle Stände ergriffen: Ladenschwengel, Schreibgehilfen, Domestiken, Köche, Küchenjungen, sie alle schütten Unmengen von Puder auf ihre Köpfe, alle bekleiden sich mit spitzigen Hüten und wallenden Lokken. Der Duft von Essenzen und parfümiertem Puder steigt einem beim Kaufmann an der Ecke und bei jedem beliebigen Gecken in die Nase«, schreibt Mercier, der einzigartige Schilderer der Pariser Sitten.

Unter Ludwig XVI. hat sich zwar wenig an der Mode, wohl aber einiges im Ton verändert. Der ist schärfer geworden, aggressiver; die sorglose und frivole Unbeschwertheit zur Zeit Ludwigs XV. macht mit Ludwig XVI., unter dem Einfluß der Philosophen der Aufklärung, einer selbstgefälligen und herablassenden Intellektualität Platz. »Sehr viel weniger Gesten, weniger Gespräch, eher ein leicht verächtliches Schweigen, ein unmerkliches Lächeln; man bewundert sich nicht mehr in einem Spiegel, sondern hat die Augen unauffällig auf sich selbst gerichtet; man zielt auf Einfachheit, das heißt aber, man ist affektiert, statt einfach zu sein. So starb die alte französische Gesellschaft vor sich hin. Sie, die sonst so lebendig war, sich so spontan gab, sie wurde jetzt am Rande ihres Grabes hochmütig und gestelzt.« Und die Liebe und Galanterie?

Fleury, der Komödiant und Memoirenschreiber, sieht keinen so großen Unterschied: »Die Sitten waren nicht mehr von der Art, wie ich sie noch zu meinen Anfängen vorgefunden hatte, oder sie schienen, ohne besser, doch zumindest anders zu sein ... Wenn auch die Macht von

Ludwig XVI. nicht so weit reichte, daß seine Höflinge tugendhaft wurden, so war er doch Herrscher genug, daß er sie zwang, sich wenigstens den Anschein zu geben. In seiner Umgebung begannen die Männer Treue zur Schau zu tragen, und die Frauen waren sittsam – zumindest hatten sie einen Riegel mehr an der Tür ihres Schlafzimmers.«

Vergnügen, Divertissement, Zerstreuung bleiben höchstes Ziel und letzter Zweck dieser Gesellschaft, die dabei ist, sich zu Tode zu amüsieren. Der Mittelpunkt dieses turbulenten Treibens ist das Palais Royal, von Richelieu erbaut, später in die Orléans-Linie der Bourbonen übergegangen. Philippe von Orléans, der spätere Philippe Egalité, immer in Geldnöten, habgierig, die Zeichen der Zeit erfassend, hatte aus dem verfallenen Palais das Zentrum des Handels wie des Vergnügens gemacht. Er, mit dessen Stimme später Ludwig XVI., sein Vetter, zum Tode verurteilt wird, steht im Mittelpunkt eines nie endenden Karnevals, einer »joie de vivre«, von der Talleyrand sagte, derjenige habe nicht gelebt, der nicht die Süße dieser Zeit gekannt habe.

Und Olympe mittendrin in diesem Treiben, in diesen Nächten im Colysée, im Petit Vauxhall, in den Cabarets und Kaffeehäusern, bei den nächtlichen Konzerten und den gefährlichen Gesellschaftsspielen, die sich anschließen. Es ist die Zeit der sogenannten »decompetivos«: Ein Paar verschwindet, um sich der Liebe hinzugeben, doch ein Roi de la fougère, ein Farnkönig, wacht darüber, daß das Ganze nicht länger als eine Viertelstunde dauert, sonst wird es mit einer Strafe belegt. Es ist ein Leben, wo diejenigen, die den Ton angeben, aus den Federn steigen, wenn das arbeitende Volk zu Bette geht.

Olympe hat eine Reputation. Ihr Name erscheint in einigen Jahrgängen des ›Petit Almanach des Grandes Femmes‹. Sicher erfinden die Gazetten von Paris – wie das so ist – das hinzu, was sie von ihr nicht wissen. Aber eines ist sicher: Sie lebt in dieser Zeit nicht so, wie sie das in ihrer Erinnerung gerne gehabt hätte: »Wenn ich auch beschlossen war in einem kleinen Kreis von Freunden mit all der Schicklichkeit, die von einer Frau zu erwarten ist, die sich selbst respektiert, so wäre es doch unnütz zu sagen, daß ich nicht unsensibel gewesen bin ... Ich habe mich immer meines Zartgefühls gerühmt, und das hat oft meinen Interessen geschadet: Dieses Gefühl ist ehrenwert, aber es ist nicht dies, mit dem man in Paris sein Glück macht.«

Sie ist lebenssüchtig und nur allzu bereit, ihr Glück in der Gesellschaft zu suchen; sie macht Jagd auf das Vergnügen, wo immer sie es findet. In ihrer Wohnung empfängt sie sowohl die Geburts- wie auch die Geistesaristokratie. Es seien die Großen dieser Tage bei ihr aus- und eingegangen, so schrieben die Blätter. Doch sie ist nicht snobistisch, sie gibt sich mit den Kleinen wie mit den Großen ab. Doch wie erklärt sich dieser anhaltende Erfolg einer unbekannten Abenteurerin – denn das ist sie unter den Bedingungen, unter denen sie lebte.

Es ist nicht ihre Finesse, es ist ihre durch nichts zu erschütternde Natürlichkeit, die sie in diesem überfeinerten Paris so begehrenswert macht. Sie bestätigt in den späten siebziger und frühen achtziger Jahren ein Urteil, das besagt: »Die schönen Mädchen aus dem Midi Frankreichs, diese strahlenden Geschöpfe, die in ihren Adern griechisches Blut pulsen fühlen, haben mehr noch als die Pariserinnen eine Kühnheit der Vorstellungskraft und eine Charakterstärke, mit denen sie sich allen menschlichen Leidenschaften zuwenden, ohne zu erschrecken. Unerbittlich im Verfolgen ihrer Ziele, wechselnd in ihren Mitteln, so könnte man sie charakterisieren.«

Zweierlei Arten von Salons existieren in Paris nebeneinander, zweierlei rivalisierende Milieus, zweierlei Arten von Frauen auch, die auf die Männer Einfluß nehmen. Da sind zuerst die Salons der Marquisen, später auch der

Damen de Staël und Roland, Salons schöner Seelen, bei denen man gepflegt parliert, diszipliniert konversiert. In sie eingeführt zu werden ist eine Ehre, kann aber auch ein wenig langweilig werden. Und dann sind da die Salons, in denen die Damen des Hauses möglicherweise weniger sublim, dafür aber vitaler und vielleicht auch hemmungsloser sind, die Salons von Schauspielerinnen und von Frauen wie eben Olympe oder wie Théroigne de Mericourt, deren Wege sich in der Revolution kreuzen und dann wieder auseinanderlaufen. In diesen Kreisen fühlt man sich wohl, weil die Konvention keine Fesseln anlegt, weil neue Gedanken entstehen und gedeihen können. Hier passiert etwas, hier fühlt man sich frei. Diese Ungezwungenheit ist nicht zuletzt die Ursache des gesellschaftlichen Erfolges von Olympe. Lairtullier, ihr erster Biograph, zeichnet sie 1840 als Gegensatz zu Madame Necker, der späteren Madame de Staël: »Die eine repräsentiert geistiges Raffinement in Vollendung, Ausgeglichenheit in allem, innere Kraft in ihrer Zurückhaltung; die andere ist Explosion, Überschwang, Provokation in Person.«

Wie sieht sie zu dieser Zeit aus? Es ist merkwürdig, daß es von dieser Frau, von deren gesellschaftlichen, literarischen, schließlich auch politisch-demagogischen Erfolgen und Mißerfolgen die Zeitungen voll sind, kaum ein Porträt aus dieser wie aus späterer Zeit gibt. Man weiß nicht einmal ganz sicher, ob sie dunkelhaarig oder blond war. Ihre Herkunft spricht für einen brünetten Typ. Daß sie eine »prächtige« Frau gewesen sei, ist nicht sehr erhellend. Eine Beschreibung aus dem Jahre 1780 kommt eher einem Idealbild gleich: »Eine Taille wie eine Nymphe, ein stolzes Auftreten, ein Klang in der Stimme, der die Sinne reizt und die Seele begeistert, große schwarze Augen, ein Teint wie Milch und Blut, ein roter Mund, ein bezauberndes Lächeln und natürliche Grazie.« Sie muß immer noch außergewöhnlich hübsch gewesen sein – und sie ist mehr als nur eine Kokotte. Ihr Geist hebt sie darüber hinaus.

In einer ›Hommage an die hübschesten und tugendhaftesten Frauen von Paris‹ von 1792, aus der ausdrücklich alle Frauen ausgeschlossen sind, die mit ihren Reizen »offen Handel treiben«, die gleichwohl an erster Stelle neben schönen Beinen »eine hübsche, wohlgerundete, weiße feste Brust« vorzuzeigen hatten, steht Olympe de Gouges an dritter Stelle hinter einer Schwester des Schriftstellers Rivarol und einer Schauspielerin der Comédie Française, der Demoiselle Lang. Aus ihrem Polizei-Signalement hat Olivier Blanc in unserer Zeit eine faßbarere Olympe zusammengebaut: »Sie ist groß für ihre Zeit (ihr erwachsener Sohn wird 1,70 Meter groß), sie hat ein ovales Gesicht, kastanienfarbene Haare und Augenbrauen, braune Augen, eine leichte Adlernase, eine glatte Stirn, ein rundes und volles Kinn und einen mittelgroßen Mund, also feine und regelmäßige Gesichtszüge.«

So erscheint sie übrigens auch auf dem möglicherweise einzigen erhaltenen Gemälde im Museum Carnavalet in Paris; es ist ein Porträt, dessen träumerischer Ausdruck allerdings so gar nicht mit der Lebendigkeit des Lebens und Schreibens der Porträtierten übereinzustimmen scheint. Sie ist schlank, vielleicht für den eigenen Geschmack und ihre Eitelkeit zu schlank. Ihr Busen schien ihr wohl zu klein, also stopfte sie ihn aus. Sie macht nicht einmal einen Hehl daraus.

Diese Gewohnheit führt zu folgender komischer Episode: Im Theater bekommt eine Frau unerträgliche Zahnschmerzen, wahrscheinlich wegen eines hohlen Zahns. Die Verabreichung von Riechwasser nutzt nichts. Man ruft im Theater nach Baumwolle, um damit den Zahn zu füllen. Doch wer hat schon Baumwolle im Theater? Olympe! Sie greift in ihre Korsage, entnimmt ihr eine Handvoll des Gewünschten, das dort zur Aufpolsterung ihrer Formen versteckt war, und reicht es der Leidenden. »Nehmen Sie, Madame«, sagt sie, »das ist immer zu etwas gut.« Eine Olympe wird sichtbar, wie wir sie immer wieder kennenlernen werden, ohne Allüren, hilfsbereit, wenn es sein muß sogar auf ihre eigenen Kosten, und praktisch.

Man hat Olympe Flatterhaftigkeit vorgeworfen, ein Schwanken zwischen den Extremen, eine Unbeständigkeit, die begierig nach jedem neuen Eindruck greift. Das war nach außen hin sicher oft der Fall. Sie ist erregbar, leicht entflammbar, schlechte Behandlung kann sie unvermittelt in Rage versetzen, kann unbedachte Äußerungen provozieren. Sie soll, in Wut geraten, ihre Bediensteten und ihren Sohn geschlagen haben. I. A. Dulaure, Geograph und Schriftsteller, ein früherer Liebhaber, der glaubt, sie in seinen Memoiren schlecht machen zu müssen, gibt immerhin zu: »Trotz ihres bizarren Charakters hatte sie ein gutes Herz, tat gerne jemandem etwas zuliebe.« Sie hat sich immer bewährt. Wohin das Schicksal sie auch verschlägt, sie steht ihren Mann. Dies nicht selten so sehr, daß sie den Männern auf die Nerven geht.

Ihr mondänes Leben hat sie immerhin zehn oder zwölf Jahre durchgehalten. Selbst in diesen Jahren macht sie – ebenso wie ihre Zeit – Wandlungen durch. So haben die Brüder Goncourt dargestellt, wie die Frauen im Verlauf des 18. Jahrhunderts langsam ein Bewußtsein ihrer selbst gewinnen, nicht mehr nur als Einzelperson wie etwa Madame de Maintenon, die strenge und devote Mätresse Ludwigs XVI., sondern als kollektive Wesen. Sicher sind es noch zwei Jahrhunderte hin bis zu dem bitteren Wort von Simone de Beauvoir: »Man ist nicht als Frau geboren, man wird es.« Aber in den Salons und am Hof wird der Einfluß der Frauen immer spürbarer, und dies nicht mehr nur über das Bett, sondern auch über ihren geistigen Einfluß. Der gesellschaftliche, gar der politische Bereich bleibt ihnen jedoch verschlossen.

Auch die Revolution gibt den Frauen zwar mehr individuelle, nicht aber mehr politische Rechte.

Die Gründe? Die Bewunderung der Aufklärer für die Frauen hält sich in den Grenzen, die die gesellschaftliche Konvention vorschreibt. Und die Konvention sagt: Die Frau ist ein schwaches und vor allem ein defizitäres Wesen. Wenn der Baron Holbach schreibt: »In allen Gebieten der Erde ist es das Schicksal der Frauen, tyrannisiert zu werden«, so zieht er daraus jedoch keinerlei Nutzanwendung. Diderot ergeht sich in Lyrismen: »Frauen, wie ich euch beklage! ... Wenn man über Frauen schreibt, möchte man seine Feder in einen Regenbogen tauchen und zum Trocknen auf das Geschriebene den Flügelstaub von Schmetterlingen streuen.« Das hindert weder ihn noch andere, Frauen und Hysterie als Synonyme zu betrachten. Selbst Religiosität wird zu einer Exklusivität ihres Geschlechtes: »Nur eine Frau kann die Rolle der Pythia spielen, nur im Kopf einer Frau kann sich die Erregung derart steigern, daß sie allen Ernstes die Herkunft eines Gottes vorherzusehen vermag.« Immerhin: Es sind weniger und weniger die Frivolitäten der ›Gefährlichen Liebschaften‹ des Choderlos de Laclos, die in den Salons jetzt den Ton angeben. Immer stärker nehmen Frauen am intellektuellen Leben auf hohem Niveau teil. Schriftsteller treffen in ihren Salons auf Wissenschaftler, Politiker des In- und Auslandes auf Journalisten. Frauen geben den Ton an, Männer spielen in ihrer Gegenwart die vorgegebene Melodie. Das Zeitalter der Aufklärung ist ohne Mitwirkung der Frauen nicht mehr denkbar, wenn sie auch noch im Hintergrund bleiben.

Das zweite Leben

Von der Femme galante zur Femme de lettres

Diese zunächst unfaßbare, untergründige Entwicklung, die sich vor ihren Augen und Ohren abspielt, hat Olympe zuerst nur gefühlt, dann aber wohl auch begriffen: Ernstgenommen wird sie erst dann, wenn sie mitreden, sogar mitschreiben kann. So wird ihre Wohnung mehr und mehr zu einem Ort, in dem nicht mehr nur die Männer reden: Sie beginnt selbst mitzureden.

Ihr neues Weltbild setzt sich aus dem zusammen, was sie hört und sieht. Nichts hat sie sich systematisch angeeignet. Jean-Jacques Rousseaus Schriften stehen auf der Tagesordnung, sie bewegen die Gemüter: 1754 war sein ›Diskurs über den Ursprung und die Begründung der Ungleichheit unter den Menschen‹ erschienen, 1761 sein schwärmerischer Roman ›Die neue Héloise‹, 1762 der ›Gesellschaftsvertrag‹ sowie der ›Emile‹. Alle diese Werke beschwören den Menschen in seinem Naturzustand, in seiner vorrationalen Existenz, propagieren die Abkehr von einer überfeinerten Zivilisation – seine Welt ist die Gegenwelt von Paris. Olympe lernt schnell die Lektion Rousseaus, denn sie legitimiert ihr Nichtwissen. – Zwar hat sie sich stets für eine bessere Erziehung der Mädchen und Frauen eingesetzt, doch sie beklagt die Lückenhaftigkeit ihres eigenen Wissens, kokettiert sogar damit. Zugleich macht sie aus ihrer Not eine Tugend. – Sie, das Naturkind, das der Gesellschaft nichts, sich selbst alles schuldet, setzt auf den Kult der Natürlichkeit: »Man hat mir nichts beigebracht«, schreibt sie, »aufgewachsen in einem Land, wo man nur schlechtes Französisch spricht, kenne ich nicht einmal dessen Grundlagen. Ich weiß nichts: Ich bin in der Hand meiner Unwissenheit; ich lasse meine Seele sprechen, niemals meinen Geist. Das natürliche Gepräge des Genies findet sich in allem, was ich tue.«

Man sollte solches Selbstlob, das sie um sich verstreut, nicht allzu ernst nehmen. Denn Selbstlob ist auch Selbstschutz. Umgeben von Männern, die sie bewundern, schwankt sie ständig zwischen der Zerknirschung einer Frau, die weiß, daß sie nichts weiß, und der Überheblichkeit einer Frau, die weiß, daß sie mehr als andere aus dem gemacht hat, was ihr zugeteilt wurde. Deshalb wirkt sie im letzten naiv: »Wenn ich dem nicht vorbeugen würde, würde ich zweifellos mit jener Bewunderung betrachtet werden, die man den Werken entgegenbringt, die den Händen der Natur entspringen. Alles habe ich mir selbst zu verdanken, niemals habe ich einen anderen Erzieher gehabt, ich bin eines der seltenen Produkte der Natur.« Und die kleinen, gepuderten Aristokraten stehen um sie herum, bewundern sie tatsächlich und glauben, in ihr »die Natur« wiedergefunden zu haben.

Immerhin, zwischen 1774 und 1784 wird die junge Person, die durch ihre Frische und Unverbrauchtheit die Männer fesselt, zu einer Frau in »gewissem Alter«. Die »Frau von dreißig Jahren« ist ja noch bei Balzac eine Frau, die ihre besten Jahre hinter sich hat. Nicht wenige ihrer Biographen erklären deshalb den Beginn der schriftstellerischen Versuche Olympes damit, daß ihr die Liebhaber ausgeblieben seien: »1784 ist sie sechsunddreißig Jahre alt, und ihre Schönheit schleicht sich davon, frühzeitig verblichen durch die Exzesse ihrer Leidenschaft, die innere Unruhe ihres Geistes, die wüsten Eifersuchtskrisen ihrer hungrigen Seele.«

Ganz so eindeutig läßt sich allerdings nicht begründen, warum sie sich dem Leben in den Salons, den geistvollen Konversationen, auch den amourösen Abenteuern versagt. Wahrscheinlich ist es so gewesen, daß der Umgang mit Literaten, Künstlern und Schauspielern ihr die Distanz, damit auch die Furcht genommen hat, die sie vorher vor den Geistesheroen empfand. Nun ist sie ihnen nah, nun hört sie die Autoren aus der Werkstatt plaudern, nun entwickelt sich in ihr das Gefühl, daß auch sie mit ihrem lebhaften, schnell erfassenden Geist Erfolg im Metier eines Schriftstellers haben könnte, ein Gedanke, der bisher außerhalb ihres Vorstellungsvermögens gelegen hatte.

Eines Tages jedenfalls hat sie von den kleinen, gepuderten Marquis und Baronen genug, empfindet sie nicht mehr als amüsant. Sie wird nun von Fragen bewegt, die von den Intellektuellen in ihrer Umgebung besprochen werden. Eines Tages hat sie genug von den späten Levers im durchscheinenden Negligé, von den Schönheitswässerchen, Tinkturen und Salben, von den Frisuren und Hüten nach der letzten Mode, von den Ausfahrten nach Longchamps und die Champs-Élysées hinab, von den späten Soupers, um dann bis zum Mittag zu schlafen. Sie macht die Wendung des Zeitgeistes in den Salons mit, die in der Luft liegt, die schon geschilderte Wendung von der frivolen Fröhlichkeit und Leichtigkeit zu einer Konversation mit mehr Biß, mehr Sarkasmus, mehr Substanz. Nur: Daß es eine Frau ist, die in einer intellektuellen, rauher werdenden Umgebung diese Wendung für sich allein vollzieht, das ist das Unerhörte, Unverzeihliche.

Das 18. Jahrhundert hat für solche Ambitionen kein Verständnis. Marquisen, feine Geister, können sich in der Dichtkunst versuchen – die anderen sollen mit ihren körperlichen Pfunden wuchern. Wenn sich, so war die Meinung, eine Frau dem Liebesspiel verweigert, dann kann der Grund dafür nur darin liegen, daß sie keine Partner mehr findet. »Es kommt jetzt die traurige und kalte Stunde, in der sich ... die Liebhaber davonmachen. Aber der Stolz der ehemaligen Triumphgöttin ergibt sich nicht in diesen Abstieg. Da sie nicht mehr geliebt wird, will sie berühmt werden ... Die Frau in ihr wird außer Gefecht gesetzt, um sich willentlich und unwiderruflich der Männlichkeit in ihr zuzuwenden.«

Dies ist nicht nur ein dummes, dies ist auch ein falsches Bild: Auch später noch, während der Revolution, kann sich Olympe auf ihre Reize verlassen – bei Talma, dem Schauspieler, oder bei Vergniaud, dem Girondisten. So ist es eben: Frauen, die versuchen, als Grenzgängerinnen in die männlichen Reviere einzubrechen, werden nicht mehr als Frauen behandelt, sondern der Männlichkeit beschuldigt und damit zugleich ihrer Weiblichkeit entkleidet. Sie irren in einem Niemandsland umher; von den anderen Frauen, die sie möglicherweise beneiden, mit Mißtrauen betrachtet, von den Männern mit Spott bedacht. Dies Schicksal wartet auch auf Olympe.

Gewiß macht sie es in ihrer neuen »Eigenschaft« als Femme de lettres ihren Gegnern allzu leicht. Man streitet noch heute darüber, ob sie überhaupt fließend schreiben konnte. Tatsache ist, daß es von ihr aus dem Jahre 1765 und auch später Unterschriften gibt, die anzudeuten scheinen, daß ihr die Hand geführt wurde. Tatsache ist auch, daß sie ihre Texte nicht schrieb, sondern diktierte. Ob und inwieweit ein »Teinturier« – heute würde man sagen ein »Ghostwriter« – aus einem von ihr gelieferten Rohstoff ein Werk formte, ihre Texte verbesserte, ist umstritten. Sie selbst jedenfalls hat stets betont, daß alles, was unter ihrem Namen erschienen sei, auch von ihr stamme. In einem ihrer Theaterstücke hat sie geschrieben, sie tue nichts anderes als diese großen Herren, die ja auch ihre Korrespondenz einem Sekretär diktierten.

Ihre frühen Versuche, auf dem Theater Fuß zu fassen, sind von großen Schwierigkeiten begleitet. Doch auch sie selbst steht sich im Wege durch diese lächerlichen Wetten, die sie jedem anträgt, der an ihrem Talent zweifelt. Sie machen in der Gesellschaft die Runde, nehmen ihr ein Teil von der Wirkung, die sie – trotz aller männlicher Vorbehalte – hätte haben können. In dem ›Petit Almanach des Grandes Femmes‹ heißt es ironisch, daß »ihre außerordentliche Leichtigkeit derart ist, daß sie wettet, sie könne in vierundzwanzig Stunden ein Drama über jedes ihr vorgeschlagene Thema schreiben. Böse Zungen sagen, noch das sei zu lange. Wir hüten uns, dies zu glauben.« Tatsächlich hat sie dies im Vorwort eines ihrer Stücke, ›Die unerwartete Hochzeit des Chérubin‹ vom Jahre 1786, behauptet. Ihre »Rechtfertigung« im nächsten Stück lautet dann so: »Das Stück, das ich heute dem Publikum präsentiere, ist ohne Zweifel durchdachter; um die Wahrheit zu sagen, habe ich mehr als vierundzwanzig Stunden dafür benötigt.«

Jedesmal, wenn sie ihren Aktionskreis wechselt, wechselt sie auch ihre Wohnung. So verläßt sie 1778 ihre Wohnung in der Rue Ventadour und mietet eine neue Wohnung in der Rue Poissonière, damals eine der elegantesten Straßen von Paris. Häufige »Tapetenwechsel« gehören bis zu ihrem Tode zu ihren Eigentümlichkeiten; fünfzehn Wohnungen sind in zwanzig Jahren nachgewiesen. Dabei wandelt sich oft auch der Freundeskreis um sie herum. Viele der Namen dieser Freunde sind verschollen; die meisten anderen haben nicht mehr den Klang der Namen von damals, etwa der von La Harpe, von dem Chamfort sagte, er bediene sich seiner Fehler, um seine Laster zu verbergen, oder ihres Landsmannes Jean-Jacques Cailhava. Auch berühmte Politiker der Folgezeit wie Pierre-Victurnien Vergniaud, 1791 Präsident der »Assemblée nationale«, sind darunter.

Sie alle werden überragt – vor allem in der Bedeutung für Olympe – von Louis-Sébastien Mercier, dem Autor des genialen ›Tableau de Paris‹, dem scharfen und geistvollen Beobachter der vorrevolutionären wie der revolutionären Zeit. Er teilt mit Olympe die Neigung zu einer uneingeschränkten, durch keine Konvention gehemmten persönlichen Freiheit. Mit einem Wort, er begleitet sie in ein neues persönliches Umfeld. Mercier lehrt Olympe nicht nur, wie man sich als Autorin verhält; er bringt sie von nun an auch mit Publizisten, Journalisten und Philosophen zusammen. Sie beginnt nachzudenken und anders zu denken – ohne eine andere zu werden.

Und schließlich: Beide bleiben nicht unberührt von den intellektuellen Moden ihrer Zeit; sie glauben an den Magnetismus der Seelen und an die Seelenwanderung. Nicht selten stoßen sich dabei, wie immer in Übergangszeiten, die Extreme im Raume. So stehen sich der grenzenlose Glaube an die Kraft der Vernunft und die Erforschung der dunklen Seiten der Seele gegenüber. Es handelt sich dabei um »Naturphänomene« von ganz anderer Art als die, mit denen sich Jean-Jacques Rousseau auseinandergesetzt hatte, eine Art »New Age« des 18. Jahrhunderts. Der Schauspieler Fleury, ein Spötter und Olympes intimer Feind, machte sich über diesen Obskurantismus Olympes lustig und durfte sich des Gelächters der Eingeweihten sicher sein, wenn er schrieb: »Sie glaubt an die Tiere? – Wer glaubt nicht an sie? Sie glauben an sie, wir glauben alle an sie; aber diese Dame hat einen ganz anderen Glauben als wir. Sie glaubt daran als Schülerin von Pythagoras und behauptet, daß Tiere strafversetzte Menschen seien. Sie hat Katzen, Hunde, Papageien, Dompfaffen et cetera, sie glaubt an sie, spricht mit ihnen, liest ihnen vor ... Zum Beispiel behauptet sie, daß ihr dänischer Hund sehr wohl ein Ehrgeizling sein könnte, der zur Strafe, daß er allzusehr die menschliche Größe geliebt habe, dazu verdammt sei, die Rolle eines Tieres zu spielen, bis er seinen Fehler gebüßt hat: das heißt, daß er nur ein Hund im Wartestand ist.«

Mercier bewahrt ihr seine Zuneigung bis zu ihrem Tode. Er schreibt über sie Passagen voller Sympathie: »Eine Frau von dreißig wird eine exzellente Freundin, bindet sich an den Mann, den sie schätzt, erweist ihm tausend Dienste, gibt ihm und erhält von ihm Vertrauen. Zärtlich liebt sie den Ruhm ihres Freundes, verteidigt ihn, übersieht seine Schwächen, bemerkt alles und macht ihm davon Mitteilung. Die Freundschaft der Frauen hat einen sehr viel sanfteren Reiz als die der Männer, sie ist aktiv, wachsam, sie ist zärtlich; sie ist tugendhaft, und vor allem ist sie dauerhaft.« – Als sie 1793 verhaftet wird, gibt sie an, sie habe zuvor mit Mercier zu Mittag gegessen. – Olympe heiratet auch ihn nicht, weil ihre Erfahrung mit der Ehe nicht nach Wiederholung drängt; Mercier seinerseits heiratet lange nach ihrem Tode, fast auf dem Totenbett, erst zu Beginn des nächsten Jahrhunderts. Auch das Bekenntnis zur freien Liebe haben sie geteilt. Er war wohl nicht nur ihr geheimer Mitarbeiter; er war auch ihr Liebhaber.

Schon seit etwa 1780, so heißt es, habe sie versucht, Ninon de Lenclos (1620–1705), die als Femme de lettres Liaisons mit den berühmtesten Männern ihrer Zeit unterhalten hatte, zu imitieren. »Der Ruhm ist meine Mätresse«, soll sie in dieser Zeit gesagt haben, »lieber will ich ihn vergewaltigen als von ihm nicht erhört zu werden.« Über Ninon, die Muse der Libre-penseurs ihrer Zeit, schreibt sie noch vor Beginn der Revolution ein Theaterstück.

Wenn sie auch in den Jahren zuvor vor allem durch ihre körperlichen Vorzüge aufgefallen war, so hatte sie die erste Hälfte ihres Lebens doch gleichfalls dazu genutzt, sich im Stil der Zeit zu üben, Bonmots zu formulieren, schnell mit der Zunge zu sein, in den Salons den Männern Paroli zu bieten. Der stets sarkastische Fleury bemerkt, sie sei gierig nach rhetorischen Effekten und geistvollen Sätzen gewesen. »Sie bekam Wallungen, wenn sie ausging und sich nicht von Autoren und Akademikern umringt sah, doch nicht nur um von ihnen zu lernen, sondern um ihre ganze Ausstrahlung an ihnen zu erproben ... Sie sprach viel und lang ... Frau aus dem Languedoc, lebhaft, mit offenem Auge und offenem Ohr, gutem Gedächtnis, konnte sie sich zu Recht so manches pikanten Ausspruchs und so mancher geistreichen Entgegnung rühmen.«

Doch das allein genügt ihr nun nicht mehr. Was sie um die Wende von den siebziger zu den achtziger Jahren braucht, ist Zuspruch, ist Rat, um den schwierigen Anlauf von der mondänen Konversation zum ernsthaften Werk zu bewältigen. Zug um Zug hat sie die Schriftsteller Rivarol, La Harpe, Marmontel, nicht zuletzt natürlich auch den unentbehrlichen Mercier um Rat gebeten. Sie ist selbstkritisch genug, um zu wissen, wieviel ihr fehlt. Aber sie kokettiert zugleich mit ihrem Nichtwissen, wenn sie etwa schreibt, ihre Fehler seien eher schwer als leicht zu nehmen, »Fehler im Französischen, im Aufbau eines Stückes, im Stil, was meine Kenntnisse betrifft ..., Fehler des Esprit, Fehler des Genies«. Aber die Zeit der Selbstprüfung dauert nicht lange! Es drängt sie, etwas vorzuzeigen. Sie beginnt zu schreiben, und sie schreibt, als ob sie in einem Salon parliere. Sie schreibt Dialoge nicht ohne Witz, aber auch mit der Sprunghaftigkeit, die ihr zu eigen ist. Ein Stück Selbstbiographie ist immer auch dabei.

1784, im selben Jahr, in dem ihr Vater, Lefranc de Pompignan, stirbt, schreibt sie ihren ersten, schon erwähnten Briefroman, ›Memoiren der Madame Valmont über die Undankbarkeit und die Grausamkeiten der Familie der Flaucourt gegenüber der ihrigen‹. Mag sein, daß sie sich erst jetzt frei fühlt – und sei es in der Verkleidung einer Romanfigur –, sich zu ihrer illegitimen Herkunft zu bekennen. Wahrscheinlicher ist die Vermutung: Sie konnte nicht früher. Sie glaubt erst jetzt genug gelernt zu haben, um sich an ein literarisches Werk zu wagen.

Doch es ist das Theater, das sie fasziniert. Mit ihrer Begabung, aktuelle Stoffe zu dramatisieren, dem Zeitgeist auf der Spur zu bleiben, liegt sie nicht falsch. Im April 1784 hat Caron de Beaumarchais mit ›Figaros Hochzeit‹ den großen Erfolg der Epoche. Die Pariser Gesellschaft applaudiert ihrem eigenen Totentanz. Geist triumphiert bei Beaumarchais über Geburt; der Diener sticht den Herrn aus.

Weniger aus wohlmeinenden kollegialen Gründen, sondern eher, weil er Konkurrenz wittert, hatte Beaumarchais Olympe von Anfang an gewarnt, daß der Weg zum Theaterruhm schwer sein werde. Denn, so sagt er ihr, »die Schauspieler wagen gegen den Autor alles, weil sie sich beschützt fühlen und angesichts isolierter Menschen handeln können, die verstreut leben, ohne Vereinigung, ohne eigene Kraft und ohne Unterstützung«. Sie hat nicht auf ihn gehört.

Und sie tut auch recht daran, Beaumarchais nicht in ihre Pläne einzubeziehen. Denn der hat sich in diesen vorrevolutionären Jahren ganz massiv der vielen Nachahmungen seiner ›Hochzeit des Figaro‹ zu erwehren, und als eine solche Fortsetzung betrachtet er auch Olympes Stück ›Les Amours du Chérubin‹ (›Die Liebschaften des Cherubin‹; später ›Die unerwartete Hochzeit Cherubins‹ genannt), das im November 1784 den Schauspielern der Comédie Italienne vorgelesen wird. Die sind zwar im ersten Augenblick begeistert, wollen das Stück auch spielen, doch dann verzichten sie auf eine Aufführung. Allzu stark ist der vereinte Druck, den die Comédie Française zusammen mit Beaumarchais ausübt. Der hat das Stück als »unerträglich, völlig ohne dramatisches Talent, ohne Ordnung und Plan, gut nur dafür, um es ins Feuer zu werfen« bezeichnet. So unterbleibt die Aufführung. Olympe veröffentlicht das Stück im Jahre 1786 dennoch – sie versäumt dabei nicht, im Vorwort darauf hinzuweisen, sie habe dreißig Stücke auf Lager, von denen mindestens zehn durchaus von »gesundem Menschenverstand« seien – und erhält dafür sogar Würdigungen von der Presse: Man findet es »einfach« – was ein Lob bedeutet –, aber die Kritiker hätten etwas mehr »Eleganz« gewünscht, womit sie auf den Stil Olympes anspielen, der noch immer nicht jene manierierte Überfeinerung angenommen hat, die für vorrevolutionäre Theaterproduktionen unerläßlich ist.

Olympe, von Beaumarchais gedemütigt,. denkt nicht mehr daran, ihn in seiner Eitelkeit zu schonen. Sie läßt eine kleine Schrift erscheinen, die – wenn ihre Stücke schon nicht aufgeführt werden – wenigstens in den Salons die Runde machen soll: »Das Ressentiment, das Sie zur Schau trugen, als Sie das Manuskript der ›Hochzeit Cherubins‹ lasen, zeigt so recht die Uneigennützigkeit und die Begeisterung, die Sie schon immer gezeigt haben, wenn es darum ging, unser schwaches und unglückliches Geschlecht ins rechte Licht zu stellen. Der Ruhm dieses ›Geisteskindes‹ vermochte weder Ihrem Ehrgeiz noch Ihren Interessen zu dienen. Mein ›Cherubin‹ hätte, falls er von Ihnen protegiert worden wäre, durchaus im Théâtre Italien aufgeführt werden können und hätte sogar einen Platz in der Comédie Française gehabt, um Ihrem ›Figaro‹ etwas Ruhe zu gönnen, der selbst noch müder geworden ist als das Publikum ... Ach, Caron de Beaumarchais, Sie sind der wahre Freund der Frauen. Erlauben Sie mir, daß ich sage, wie Sie uns hinters Licht führen. Nicht ist falscher als dies, daß Sie sich für unser Geschlecht einsetzen.«

Noch unter einem Decknamen reicht Olympe bereits im Jahre 1784 ein Drama ein, das auf die Bühne zu bringen sie Jahre ihres Lebens kosten wird: ›Zamore et Mirza, ou l'heureux naufrage‹ (›Zamore und Mirza oder der glückliche Schiffbruch‹). Es ist ein Lehrstück gegen das Privilegienunwesen des Ancien Régime, gegen die offene oder latente Frauenfeindlichkeit, aber auch gegen Rassismus und Kolonialismus während der Vorrevolution und der Revolution. Es ist ein Stück, das die Forderung nach der Gleichheit der Rassen erhebt und als ›L'Esclavage des nègres‹ (›Die Sklaverei der Neger‹)

erst Ende 1789 mit allen Zeichen eines Theaterskandals aufgeführt wird:*

Zamore, ein Sklave, der Mirza, die Tochter des Gouverneurs, gerettet hat, wird von dieser, unschuldig schuldig geworden, vor dem Strang bewahrt. Zum ersten Mal bricht in diesem Stück etwas von der humanitären Denkweise durch, die für Olympe später kennzeichnend wird. Sie war dabei sogar selbständig in ihrer Gedankenführung, wenn man davon absieht, daß diese auch »in der Luft« lag: Der Philosoph und Aufklärer Condorcet zum Beispiel hatte zuerst 1776, dann ausführlicher 1781, unter dem ironischen Pseudonym eines »Joachim Schwartz, Pasteur« über die Sklaverei der Schwarzen geschrieben: »Was ist die erste Regel der Politik? Gerecht zu sein! Die zweite? Gerecht zu sein! Die dritte? Immer noch gerecht zu sein!« Damit hatte er die Fundamente für die Anerkennung der Gleichheit der Rassen gelegt. Olympe de Gouges ihrerseits gab dieser Überzeugung Ausdruck in der Form des Dramas der Zeit.

›Die Sklaverei der Neger‹: Die Tragikomödie eines Theaterstückes beginnt

Die Geschichte dieses Stückes vom Tag seiner Präsentation in der Comédie Française am 8. Juni 1785 bis zur ersten Aufführung am 28. Dezember 1789 ist eine Tragikomödie für sich. Sie ist durchflochten von der Böswilligkeit der Schauspieler wie von den verständlichen, wenn auch in ihren Äußerungsformen manchmal etwas komisch wirkenden Wutanfällen der Autorin.

Es beginnt schon damit, daß die Lektüre vor der Co-

* Die präzise Geschichte dieses Skandals und seiner Hintergründe ist von Olivier Blanc anhand des Archivs der Comédie Française erst im Jahre 1980 nachgezeichnet worden. Man kannte bis dahin die Tatsachen, ihre Version der Ereignisse, man besaß die Berichte der Zeitungen, man hatte Memoiren, aber man wußte nicht im Detail, *warum* gerade dieses Stück in einer Zeit auf so viele Widerstände stieß, in der das Theater mit mittelmäßigen Produktionen überflutet wurde.

médie einer Gönnerin Olympes, Madame de Montesson, die selbst ein Privattheater unterhält, zu verdanken ist. Diese Aristokratin wiederum kennt sie aus ihren Beziehungen zum Duc d'Orléans, dem späteren Philippe Egalité, dem sie noch viele gute und böse Worte widmen wird. »Sehr gut aufgenommen im Hause des Duc d'Orléans, kam sie nicht als Unbekannte zu uns«, schreibt der Schauspieler Fleury, Mitglied der Comédie. Olympe hätte sich darüber im klaren sein müssen, daß sie die Gunst, daß ihr Stück vor der Comédie gelesen wird, vor allem dieser Protektion zu verdanken hatte. Autorinnen waren ungewöhnlich und deshalb noch isolierter als Autoren. Olympe aber ist ungeduldig. Gewöhnt daran, daß vieles mit Geld und Geschenken zu erreichen ist, was sonst nicht zu erreichen wäre, versucht sie, die Schauspieler günstig zu stimmen. Einem von ihnen schenkt sie zwei Orangenbäumchen, als sie von dessen Geliebter hört, er habe ihr in jedem Jahr einen solchen Baum versprochen, sei aber schon zwei Jahre im Rückstand. Dem für sie wichtigen Schauspieler Molé schenkt sie eine große Skulpturengruppe mit Apollo und den Musen für seinen Kamin. Wie man sieht, scheut sie keine Kosten und keine Mühe, um einen günstigen Einstand vorzubereiten.

Aber auch mit Geld ist nicht alles machbar, wenn der andere nicht will. Mit ihrem ständigen Drängen fällt sie den Schauspielern bald auf die Nerven. Um sich selbst zu beruhigen, schreibt sie ein neues Stück, ›Lucinde und Cardenio oder der Verrückte aus Liebe‹; doch damit hat sie noch weniger Glück, das Stück wird gleich nach der Lesung im August 1785 abgelehnt. Olympe macht vor ihren Freunden aus ihrem Herzen keine Mördergrube. Ihr intriganter »Freund« Cubières hat jedoch nichts Besseres zu tun, als ihre Schmähreden den Schauspielern der Comédie zu überbringen. Als sie am nächsten Tag an seinem Arm auf den Boulevards flaniert, baut sich der Schauspieler Florence, Günstling des Herzogs von

Artois, mitsamt seiner Hundemeute vor ihnen auf und herrscht sie an: »Der Comédie sind Ihre mutig geäußerten Urteile über sie bekannt geworden. Sie hat entschieden, in Zukunft keines Ihrer Stücke mehr zu prüfen und diejenigen, die sie geprüft hat, niemals mehr zu spielen. Was mich anbetrifft, wenn Sie nicht eine Frau wären ...« – da unterbricht ihn Olympe, fährt fort: »... dann würden Sie nicht derart mit mir reden« und läßt ihn stehen.

Dies ist nicht das erste Beispiel, daß sie sich ihrer »Sonderrolle« als Frau bewußt zu werden beginnt. Die Frauenrechtlerin in ihr war schon vorher geboren. So beendet sie ein Gespräch mit einem Mann, der sie nicht kennt, gleichwohl ihr Talent in Zweifel zieht, mit den Worten: »Monsieur, ich habe Ihren dümmlichen Äußerungen mit der Ruhe eines Philosophen, dem Mut eines Mannes und dem Auge eines Beobachters gelauscht. Ich bin eben diese Olympe de Gouges, die Sie niemals gesehen haben und die kennenzulernen Sie nicht gebaut sind. Profitieren Sie von der Lehre, die ich Ihnen erteile: Männer wie Sie findet man zu Tausenden, aber nehmen Sie zur Kenntnis, daß es Jahrhunderte braucht, um Frauen meiner Art hervorzubringen.«

Den ebenso stolzen wie korrupten Schauspielern schreibt sie nach dem Zwischenfall mit Florence einen Brief, in dem sie ihrem Zweifel Ausdruck verleiht, daß dessen Drohungen auch die kollektive Meinung der Comédie seien. Er endet mit einem Satz, der in der Comédie Furore macht und für einige Zeit alle Bande zwischen ihr und den Schauspielern zerschneidet: »Ich kann das von Ihnen nicht glauben. Erlauben Sie mir, daß ich ein Ihnen bekanntes Bonmot zitiere: Ein schlechtes Pferd kann stolpern, aber doch nicht ein ganzer Stall.« Im gleichen Sinne schreibt sie gesondert an die Schauspielerinnen. In diesem Brief verteidigt sie sich gegen den Vorwurf, sie sei »unehrenhaft«. Der Brief sei »schließlich nur nach diesem üblen Vorgang geschrieben worden, der die Ehrenhaftigkeit der Schauspieler in ein schlechtes Licht setzt und beweist, daß es bei Ihnen allen nur mittels Kabale geht«.

Am Schluß greift sie noch einmal auf das Bild von dem strauchelnden Pferd zurück. Doch bei den Frauen der Comédie findet sie noch weniger Verständnis; schließlich haben sie die gleichen Interessen wie ihre männlichen Kollegen. Auch für sie ist Olympe weit über das Ziel hinausgeschossen. Man verzeiht ihr nicht die kollektive Beleidigung.

Am 7. September 1785 wird das Stück erst einmal vom Spielplan gestrichen. Es verschwindet bis zum Jahre 1789. Die mißgünstigen Schauspielerinnen flüstern sich sogar zu, es sei sowieso nur deshalb auf den Spielplan gekommen, weil der Schauspieler Molé, der es vorgelesen hatte – »seine Tränen, sein Schluchzen, das zerknitterte Jabot ... von Molé wurden mit Beifall bedacht« – sich der körperlichen Gunst der Autorin habe erfreuen dürfen. Was im übrigen noch einmal unterstreicht, wie begehrenswert sie zu dieser Zeit war.

Doch mit der Bravour, mit der sie alle ihre Fehden ausficht, mit dem Schneid, der ihr auch ungewöhnlich viele Feinde einbringt, läßt sich Olympe auch dieses Mal nicht durch ihren Mißerfolg entmutigen. Schon am Vorabend der Ablehnung hatte sie sich an den am königlichen Hof für das Theater zuständigen Duc Barras gewandt. Sie wünsche, so schreibt sie, mit ihm eine kurze Unterredung, um »Ihren Rat zu bekommen angesichts von Schikanen der Comédie, die für Autoren nichts Neues sind, aber außergewöhnlich gegenüber einer Frau«.

Aber die Dinge stehen schlecht für sie: Der Graf versagt ihr nicht nur die gewünschte Audienz, er will sie sogar – sicher ein unerwarteter Nebeneffekt – auf Intervention der Comédie mit einer Lettre de cachet in die Bastille schicken. Nur das Eingreifen von Tiroux de Crosnes, einem General im Polizeiministerium, rettet sie vor dem Gefängnis; Olympe hatte sich, von der bevorstehenden Verhaftung verständigt, an ihn gewandt. Der General weigert sich, die Order auszuführen, und läßt sich auch nicht umstimmen, als der Graf mit einer Abordnung der Comédie erscheint. Olympe ist gerettet, doch diese Vorkommnisse werden in aller Öffentlichkeit behandelt, so daß die Pariser Gazetten von ihnen berichten.

Nun müßte man annehmen, daß Olympe, kurz vor einer Verhaftung stehend, gegen die es keine Rechtsmittel gab, schließlich klein beigegeben hätte. Doch nichts dergleichen. Sie versucht, ausgehend von ihrem Fall, eine Solidarveranstaltung für alle Schriftsteller zu initiieren: Sie schreibt an vierzig männliche Autoren und bittet sie, sich mit ihr zusammenzutun. Doch nur vier von ihnen, darunter ihre Freunde La Harpe und Cailhava, antworten ihr. Insbesondere von Caron de Beaumarchais, der seit seinem Erfolg mit ›Figaros Hochzeit‹ und nach ähnlich dornenvollen Erfahrungen mit den Schauspielern der Comédie der unangefochtene Wortführer seiner Berufskollegen geworden ist, erhält sie eine Abfuhr. – Sie hatte wohl vergessen, daß er Frauen zwar im öffentlichen Leben schätzte, sonst aber eher seinem eigenen Geschlecht zugetan war. – Also läßt sie sich zur Rue du Temple fahren, wo Beaumarchais in einem kleinen Palast residiert. Hier hatte er schon 1777 eine erste ›Erklärung der Rechte des Autors‹ zusammen mit anderen Schriftstellern verfaßt. Doch diesmal läßt er sich verleugnen, sieht sich auch, wie er von seinem Diener ausrichten läßt, nicht imstande, ein späteres Rendezvouz mit der Autorin zu vereinbaren. Olympe zieht unverrichteter Dinge und beleidigt ab und verzichtet von nun an auf die Unterstützung derer, »die das Unglück und die Ungerechtigkeit vergessen haben«.

Die Stellung der Schauspieler, vor der Beaumarchais Olympe ja schon gewarnt hatte, ist in der Tat ungewöhnlich stark. Sie erklärt sich aus dem Umstand, daß die Comédie Française seit Ludwig XIV. ein Aufführungsmonopol für das gesamte klassische französische Repertoire innehatte, aber auch zusammen mit der Comédie Italienne, der zweiten Bühne der Hauptstadt, ein Exklusivrecht für die Aufführung aller neuen französischen Stücke besaß. Wenn ein Autor bei der Comédie Française in Ungnade fiel, kam das geistigem Selbstmord gleich; denn er hatte dann kaum mehr Möglichkeiten, sich in der Provinz durchzusetzen. Einerseits waren die Schauspieler durch ein System von Vorschriften an den Thron, damit an den Hof, damit an den Geschmack der Adeligen gebunden. Andererseits hatten sie völlige Freiheit in der Wahl ihres Spielplans. Das führte zum einen dazu, daß sich die Autoren den Schauspielern gegenüber in einer dienenden Rolle befanden – denn es versteht sich, daß jeder Schauspieler nur eine Rolle spielen will, in der er sich auszeichnen kann –; zum andern aber war die Folge auch, daß vor allem Stücke auf dem Spielplan standen, denen das Wohlwollen der verwöhnten privilegierten Klassen sicher war.

Wer weiß, wie sehr die Comédie Française an das Ancien Régime gebunden war, der versteht besser, warum nach 1789 das Theater zu einem bevorzugten Ort wird, um revolutionäre Themen zu diskutieren. Allerdings hat die Französische Revolution keine große Literatur hervorgebracht; dazu war der Umsturz zu radikal. Theater seit 1789, das ist in weiten Teilen »Agitprop« im Dienste der Revolution. Charles Nodier, der das miterlebte, hat recht, wenn er schreibt: »Das Theater hatte beträchtlichen Einfluß auf die Revolution, aber die Revolution nicht auf das Theater ... Das Theater des Volkes ... war auf den Boulevards.«

Doch schon vor 1789 hat Olympe bewiesen, daß sie keine Gelegenheitsrevolutionärin, keine Opportunistin, aber auch keine Deklassierte ist, die mit Ausbruch der Revolution Gelegenheit sucht und findet, sich an den Privilegierten zu rächen.

Aber sie hat wohl immer noch genügend gesellschaftlichen Einfluß, zumindest die Möglichkeit, den Schauspielern der Comédie zu schaden, so daß diese sich endlich doch veranlaßt sehen, im November 1785 Molé vorzuschicken, um wegen eines Waffenstillstands anzufragen – er ist der einzige unter ihnen, den Olympe noch schätzt. »Denken Sie daran«, sagt der zu ihr, »daß die Comédie das erste Theater Europas ist, daß dieses Theater Ihren ersten Versuch angenommen hat, daß die meisten unserer besten Autoren nicht unter solchen günstigen Bedingungen begonnen haben.« Olympe, die zwischen 1784 und 1789 nichts anderes im Kopf hat als die Bretter, die für sie die Welt bedeuten, läßt sich beschwichtigen, schreibt, daß sie vergessen wolle, was man ihr angetan habe, und erhält daraufhin von den Schauspielern einen Brief, in dem ihr folgendes mitgeteilt wird: »Die versammelte Comédie ist sehr froh, daß Ihre Gefühle ihr gegenüber wieder gerechter geworden sind. Sie möchte, daß Sie stets von der Ehrenhaftigkeit und der Rechtmäßigkeit ihres Vorgehens überzeugt bleiben, und hat um der Gerechtigkeit willen, die Sie zu ihr zurückgeführt hat, Anweisung gegeben, daß nicht die geringste Spur des Vergangenen zurückbleiben soll.«

Olympe, der es niemals an Wirklichkeitssinn gemangelt hat, akzeptiert dies erleichtert. Das hindert sie aber nicht daran, in den Vor- und Nachworten ihrer Stücke immer wieder auf die persönlichen Beziehungen zu den Theaterleuten zurückzukommen. Verständlicherweise kommen die nicht gut dabei weg; aber auch ihre eigenen Schwächen werden nicht geschont. »Ich bin mit einem erregbaren Charakter ausgestattet«, schreibt sie 1789, »mit einem allzu gefühlvollen Herzen, was mich immer wieder allzuweit hinweggerissen und mir sehr geschadet hat.« Dann: »Ich habe von der Natur eine Menge Mut und Vernunft zugeteilt bekommen, doch unabhängig davon ein ausschweifendes Temperament, das allzuoft von der Ungerechtigkeit der Böswilligen erregt wird und das ich nur durch Reflexion zügeln kann ... Ich habe mich über die Lächerlichkeit erhoben, weil ich meine Fehler und die der Menschen kenne, aber noch mehr als dies: Ich gebe sie zu.«

Olympe hat recht: Sie hat es nie verstanden, mit ihrer Meinung hinter dem Berg zu halten, weil sie immer sehr schnell reagiert, zu jeder Wendung des Augenblicks ihre Meinung hat und sie äußert. Sie gilt als sprunghaft, unbeherrscht, unausgegoren. Und auch dazu hat sie einiges gesagt: »Ich habe oft mit verwegener Leichtigkeit dumme Jungenstreiche vollführt; aber sie gefallen mir, und ich gebe mir manchmal soviel Mühe, sie zu meinem Nachteil zu begehen, wie andere ihre ganze Vorsicht darein setzen, um auch nur ein einziges fragwürdiges Wort zu vermeiden.« Ihre Zeitgenossen haben wohl allzuoft die Ausbrüche ihres Temperaments für Radikalismus gehalten. Doch wirklich radikal war sie nie.

Autorin und zäh dazu

Es zeigt sich allerdings im Laufe ihres Lebens, daß sie sich an Leitsätze hält und daß sie vor allem dann keine Kompromisse eingeht, wenn sie das Gefühl hat, als Mensch und besonders als Frau ungerecht behandelt zu werden. Dann klopft sie sich, gleichsam zur Ermunterung, da andere dies nicht tun, mit naiver Selbstgerechtigkeit auf die Schultern. Sich selbst charakterisiert sie 1787 folgendermaßen: »Ich verabscheue die Falschen, ich hasse die Boshaften, ich fliehe die Halunken, ich verjage die Schönredner, und man kann sich vorstellen, daß ich deshalb oft allein bin. Ich langweile mich nicht mit mir selbst, muß auch keine Ansteckung fürchten. Sicher, ich war für die Gesellschaft wie geboren, doch ich bin ihr früh entflohen, ich habe sie auf dem glanzvollen Höhepunkt meiner Jugend verlassen ... Ich bin von fröhlichem Naturell, ich lache, wenn ich an meine Zukunft denke. Einfach mit jedermann, stolz mit den Großen, weil mich weder Titel noch Ehren irritieren können.« Schon damals war sie eine großherzige Frau, für die es nicht der Revolution bedurfte, um die Sinnlosigkeit der Privilegien einzusehen. Sie kam von unten und durchschritt das dekadente Ancien Régime, ohne ihre Vitalität einzubüßen.

Über die Qualität ihrer Stücke freilich gingen damals und gehen auch heute die Meinungen auseinander. Sie seien »nicht besser und nicht schlechter gewesen als die Hunderte von Stücken, die Tag für Tag die Lesekommission der Comédie überrollten«, sagt Olivier Blanc heute. Noch die Kritiker der Wende zum 20. Jahrhundert fanden sie »unspielbar«, nannten ›Zamore und Mirza‹ mittelmäßig und konfus. Léopold Lacour, der sie schätzt und sie als Vorläuferin der Frauenbewegung präsentiert, schreibt von ihren dramatischen Ergüssen, sie seien »ein wirklich zu schlechtes Theater gewesen«. Und Bénoite Groult, die ihr 1986 eine feministisch getönte biographische Skizze widmet, kann nur konstatieren: »Wenn ihre dramatischen Arbeiten in ihrer Gesamtheit für das Publikum von heute unlesbar geworden sind, so sind sie doch nicht ganz ohne Interesse.«

Man wird sich bei einer Bewertung daran erinnern müssen, daß Olympe vor und während der Revolution stets als Einzelkämpferin aufgetreten ist, auftreten mußte, immer bereit, den Kampf mit männlichen Vorurteilen aufzunehmen. Die hielten sich oft gar nicht bei den künstlerischen Schwächen der Stücke auf, sondern wandten sich sogleich genüßlich den angeblichen Schwächen der Frau zu. ›Molière bei Ninon‹ zum Beispiel, ein Stück, das sie 1788 geschrieben und der Comédie vorgestellt hat, wird von einem der Schauspieler mit folgendem Urteil bedacht: »Ich liebe die hübschen Frauen, ich liebe sie noch mehr, wenn es galante Frauen sind, aber ich möchte sie gerne bei sich zu Hause aufsuchen und nicht im Theater. Ich lehne das Stück ab.« Olympe hatte damals genug von alledem und verlegte sich auf respektloses Kontern: »Ich habe die Ehre, Sie zu grüßen«, sagte sie und schlug die Tür hinter sich zu. Als sie kurz danach den dicken Schauspieler Dessessartes trifft, ereifert sich der über die Zeichnung eines ihrer männlichen Charaktere: »Das ist ein dicker Dümmling«, sagt er. »Den habe ich Ihnen auf den Leib geschrieben«, pariert Olympe.

Schon die ersten literarischen Versuche zeigen, daß sie oft sich selbst meint, wenn sie fiktive Personen auf die Bühne bringt. Und doch stimmt das Urteil von Lacour nicht ganz, wenn er schreibt: »Es steht fest, daß sie keine schöpferische Ader hatte, daß die Mehrzahl ihrer Dramen Übertragungen von wahren Situationen sind, die mehr oder weniger geschickt für das Theater arrangiert wurden.« Im Kern trifft seine Aussage sicherlich zu, wenn man die Themen betrachtet, die sie behandelt: Auf die Dramatisierung des Schicksals der von ihr angebeteten Ninon de Lenclos 1788 folgt 1791 eine Eloge auf Mirabeau und schließlich 1793 eine Bearbeitung des weiteren Verlaufs der Französischen Revolution in Belgien. Dennoch ist das Urteil nur zur Hälfte richtig. Schon in ihrem Stück ›Zamore und Mirza‹ (1784) hat sich einer der Hauptzüge ihres Wesens gezeigt: das Mitleid mit den Unterdrückten und Entrechteten. Von diesem ersten Stück an hatte sie nicht mehr nur mit ästhetischen Einwänden zu kämpfen. Sie hatte die Interessen der etablierten Gesellschaftsschicht verletzt, hatte mit dem Haß derer zu kämpfen, denen eine Befreiung der Sklaven die gewinnbringenden Geschäfte verdorben hätte.

Worum es in dem Stück ging, lautet in den trockenen Worten eines Handbuches so: »Das große Geschäft (in Hafenstädten) wurde ... vor allem mit Kolonialwaren aus den westindischen Besitzungen Frankreichs wie Santo Domingo, dem heutigen Haiti, und Martinique gemacht (vor allem mit Rohrzucker, Kaffee, Rum, Tabak, Baumwolle ...). Hier lagen die großen Gewinnspannen für die meist durch Sklavenarbeit billig hergestellten Rohprodukte.« Jeder Sklave brachte zweihundertdreiundzwanzig Livres netto ein. Dieses Kartell der sogenannten »Colons«, also der zumeist in Paris lebenden Großgrundbesitzer der westindischen Inseln, wollte Olympe angreifen? Sie weckte schlafende Hunde – und sie ahnte nicht einmal, warum. Zudem hatte sie wieder gegen Vorurteile zu kämpfen.

Als das 1785 angenommene Stück 1787 noch immer nicht gespielt wird, holt sie bei der Comédie die Erlaubnis ein, es drucken zu lassen, um es dem Urteil der Öffentlichkeit zu unterbreiten. Das war deshalb ungewöhnlich, weil ein einmal angenommenes Stück so lange in der Schublade blieb, bis die Schauspieler die Güte hatten, es auf die Bühne zu bringen. Olympe will nicht so lange warten, und nach all den vorausgegangenen Händeln wollen sich wohl auch die Schauspieler keine neuen einhandeln. Sie geben also die Genehmigung zum Druck, allerdings nicht ohne scheinheilig auf die Gefahren hinzuweisen, die eine Frau laufe, die »Berühmtheit anstrebt«. Olympe, niemals mundfaul, verweist im Gegenzug auf die Beispiele der Madame de Sévigné und der Madame Deshoulières. Sie schreibt: »Den schönen Künsten ist kein bestimmtes Geschlecht zugewiesen, und die Frauen haben alle Eigenschaften, um im Wettbewerb der Talente mitmischen zu können.«

Nun kommt zu allem Überfluß auch noch das Pech: Eine Schauspielerin, für eine Hauptrolle vorgesehen, stirbt; dann wird ihr Freund Mercier mit einem Stück über Molière vorgezogen. Sie beschwert sich. Und schon ist die Fehde, insbesondere mit den Schauspielerinnen, wieder in vollem Gange. Eine schreibt: »Die Comédie konnte nicht ahnen, daß die Achtung vor dem Namen Molière ein solches Gemurmel hervorrufen würde.« Sie antwortet: »Niemand wird mich verdächtigen, den Namen Molières abwerten zu wollen, außer lächerlichen Leuten von schlechtem Charakter.« Worauf eine zweite sich entrüstet: »Von den bedeutendsten Literaten bis zum unwissendsten Tintenkleckser hat außer Ihnen niemand die Hommage, die wir diesem unsterblichen Menschen bereiten, ungewöhnlich gefunden.« Und Olympe, nunmehr in voller Fahrt: »Also, ich bin eine Nichtwisserin und ich bekleckse das Papier ... Dabei versteht jeder nur zu gut, daß ich mich ausschließlich wegen der Regeln, die mir gegenüber nicht eingehalten wurden, beklage.«

Diesmal nimmt sie eine Wohnung an der Ecke Rue Condé und Place du Theâtre Français, dem heutigen Théâtre de l'Odéon. Schließlich spielt hier ja die Comédie Française seit 1782. Nun hat sie Ausblick auf ihre Feinde, auf ihr Kommen und Gehen; allerdings muß sie von hier aus auch zusehen, wie vor ihrem Stück in einem einzigen Jahr noch drei weitere aufgeführt werden. Im Wartestand schreibt sie ›Molière bei Ninon oder das Jahrhundert der großen Menschen‹. Seine Entstehung verdanke das Stück, so das Vorwort, Molière; er selbst sei ihr erschienen, habe von ihr dieses Stück verlangt. Worauf ein boshafter Kritiker meint, selbst diese Hilfe Molières habe bei ihr nur wenig geholfen. Olympe fällt im Februar 1788 damit noch einmal durch, und die Schauspieler setzen sie im selben Jahr erneut auf ihre schwarze Liste. Keines ihrer Stücke soll gespielt werden. Sie rächt sich in einem neuen Vorwort zu ihren ›Gesammelten Werken‹, die in jeder Auflage ein anderes Erscheinungsbild haben. Sie legt Wert auf solche Äußerlichkeiten. In Wahrheit sind es jeweils ihre bis dahin erschienenen Schriften, nur in neuer Heftung, nicht einmal neu durchnumeriert. Dieses Vorwort führt wiederum zu einer Beleidigungsklage der Schauspieler; die wird erst dann fallengelassen, als die königliche Zensur feststellt, daß Madame de Gouges in ihren Werken »einen dezenten und ehrenwerten Ton angeschlagen hat«.

Die Freunde der Schwarzen

Heute weiß man, daß es nicht allein die Arroganz und die Korruption der Schauspieler gewesen sind, die dazu geführt haben, Olympes erstes Theaterstück vier lange Jahre zu verschieben. Hinter den Schauspielern standen Kreise des Hofes, von denen die Comédie abhängig war – sie bezahlten ihnen die Jahresmieten für die teuren Logen. Es war der Adel, der zusammen mit den Kaufleuten aus den Hafenstädten und aus Paris auf das Unverschämteste von dem Handel mit dem »schwarzen Ebenholz« profitierte. Weil Ancien Régime und Sklavenhandel zusammenhingen, waren die Jahre vor der Revolution auch Jahre des aufkommenden Antirassismus. Der spätere Abgeordnete der Gironde, Brissot, ein Freund Olympes, und der Abbé Grégoire hatten die Idee, einen Klub der Freunde der Schwarzen zu gründen, in Paris populär gemacht; Condorcet hatte begonnen, die theoretisch-philosophische Begründung für die Emanzipation der Schwarzen zu liefern.

Sehr früh hat Olympe die Stimme gegen das Unrecht an anderen Menschen und für die Gleichheit aller Rassen erhoben. Später, 1808, erwähnt sie der Abbé Grégoire als die einzige Frau unter denen, die sich der Sache der Schwarzen und der Mischlinge angenommen hätten.

Anfang 1788, als ihre ›Reflexionen über die Neger‹ (›Reflexions sur les hommes nègres‹) erscheinen, stimmt sie frische Töne an, um ihre Zeitgenossen aufzurütteln. Sie schreibt: »Die Neger haben mich wegen ihres beklagenswerten Schicksals immer interessiert. Diejenigen, die ich habe befragen können, konnten meine Neugier in keiner Weise befriedigen. Sie betrachteten diese Leute als

Wilde, als Wesen, die vom Himmel verflucht seien, aber je älter ich wurde, desto deutlicher sah ich, daß es Gewalt und Vorurteile waren, die sie zu dieser abscheulichen Sklaverei verurteilt hatten, daß die Natur keine Rolle spielte und daß allein das ungerechte und übermächtige Interesse der Weißen das alles bewirkt hatte ... Wann endlich wird man sich damit beschäftigen, das Schicksal der Neger zu verändern oder es zumindest zu lindern? Die Menschen sind überall auf der Welt gleich. Die Europäer, gierig nach Blut und nach dem Metall, das die Begehrlichkeit ›Gold‹ genannt hat, haben die Natur unter diesem Himmel verändert. Die Unterlegenen sind wie Ochsen auf dem Markt verkauft worden. Was sage ich? Dies ist ein Großhandel in alle vier Himmelsrichtungen geworden! Guter Gott! Und die Natur erzittert nicht! Wenn sie Tiere sind, sind wir nicht auch welche? Worin unterscheiden sich die Weißen von ihnen? In der Farbe! Warum aber will die farblose Blonde den Vorrang haben gegenüber der Brünetten, die sich der Mulattin annähert? Die Farbe des Menschen ist so mannigfaltig wie die aller Tiere und aller Pflanzen, wie aller Mineralien, die die Natur hervorgebracht hat ...«

Das klingt weniger abstrakt, weniger durchdacht vielleicht auch als vieles von dem, was die anderen zu Papier gebracht hatten, die ebenfalls gegen die Sklaverei kämpften. Aber es ist ein eigenwilliger Ton darin, voller Mitgefühl, doch ohne Tränenseligkeit. Was Olympe in diesem Augenblick nicht in voller Tragweite erkennt, das ist die Tatsache, daß sie hier zum ersten Mal auf ein organisiertes Interesse stößt, daß sie sich also aufgemacht hat, einer »Industrie« ihr »Rohmaterial« streitig zu machen. Bisher hatte sie es mit der Eitelkeit von Schauspielern, mit dem Konkurrenzkampf von Autoren in einem Lande zu tun, in dem die Zensur herrschte. Daß Kunst und Kommerz zusammenhängen, das erfährt die Novizin des dramatischen Gewerbes am eigenen Leib, so wie sie später erfährt, in welch enge Beziehung Politik und Kunst treten können.

Seit sich die Philanthropen in einem Verein der Freunde der Schwarzen zusammengefunden haben, fühlen sich die Sklavenhalter und die Nutznießer des Sklavenhandels – in Santo Domingo zum Beispiel, einer der ertragreichsten Kolonien Frankreichs, wohnten zweiunddreißigtausend Weiße und zweihundertfünfzigtausend Negersklaven – bedroht. Also schließen sich auch die »Colons« in Klubs zusammen, um gegen die emanzipatorischen Gedanken der Sklavenbefreiung zu kämpfen.

Kurz vor dem Ausbruch der Revolution – mit der Geschichte ihres ersten Dramas überschreiten wir für einen Augenblick diese weltgeschichtliche Zäsur – ist Olympes Geduld erschöpft. Im März 1789 überzieht sie die Comédie mit einem Prozeß. Er hat zum Ziel, die Schauspieler zu zwingen, vierundzwanzig Stunden nach der Urteilsverkündung mit den Proben für ihr Stück zu beginnen. Die Aussicht, in einen Prozeß verstrickt zu werden, dessen Ausgang ungewiß ist, aber auch die neuen Verhältnisse lassen es der Comédie geraten erscheinen einzulenken.

Die Revolution ist nun in vollem Gange, und mit dem Sturm auf die Bastille bekommt sie eine neue Qualität. Da soll am 28. Dezember 1789 ›Zamore und Mirza‹, das von Olympe in ›Sklaverei der Neger‹ umgetauft worden ist, auf der Bühne das Licht der Welt erblicken. Inzwischen gibt es eine Nationalversammlung, an deren Präsidenten sie ein Exemplar schickt. Die Schauspieler der Comédie allerdings denken auch 1789 noch in den Kategorien des Ancien Régime. Sie weigern sich, irgendwelche Befehle, sei es vom Magistrat von Paris, sei es von der Nationalversammlung, entgegenzunehmen. Ihre Bezugspersonen sind weiterhin der König und dessen Beauftragte. Nun aber wird der »Fall de Gouges« zu einem Fall von öffentlichem Interesse. So wendet sich Brissot, Publizist und Schriftsteller, am 15. Oktober 1789 gegen die

Privilegien des Theaters; in seinem ›Patriote Français‹ schreibt er, ein patriotisches Theater sei nur dann zu errichten, wenn man der Comédie ihre Grenzen zeige. »Den Theatern ihre Freiheit zu geben ist daher das einzige Mittel ..., Monsieur Talma (ein Schauspieler, der sich der Revolution zugewandt hatte) wie Madame de Gouges zu rächen angesichts all dieser Ungerechtigkeiten, die sie erlitten und in ihren Denkschriften ausbreiten.«

Schon glaubt Olympe, mit der politischen Freiheit sei auch die Freiheit der Kunst gekommen. Aber noch ist es nicht so weit: Die Kolonialherren, unter ihnen berühmte Adelsfamilien wie die der Ségur und der Noailles, zeigen keinerlei Neigung, kampflos denen den Platz zu räumen, die sie »philanthropische Träumer« nennen. Sie haben ihre Lobby sogar in der Verfassunggebenden Versammlung.

In diesen Tagen weist die Pariser Presse noch jene Buntheit der Meinungen auf, die sie vier Jahre später verlieren wird. Mit dem erbarmungslosen Blick für die Realitäten, der diejenigen auszeichnet, die schon alles haben und daher nichts mehr bekommen müssen, heißt es 1790 im konservativen ›Journal Politique et National‹:

»Alle diese Freunde der Schwarzen sind nur Feinde der Weißen. Sie wollen mehr Lärm in Frankreich als im Senegal machen ... Spricht man in der Politik von Mitgefühl? Wenn man das Prinzip der Menschlichkeit bis an seine äußerste Grenze treibt, dann gibt man den Pferden ihre Freiheit und kehrt – wie die Brahmanen – erst die Straße, bevor man sie betritt, damit auch nur kein Insekt zertreten wird ...« Es ist ein Beispiel jener Art von Demagogie, die sich ihrer Gegner dadurch zu entledigen trachtet, indem sie von Extremen spricht, die überhaupt nicht zur Debatte stehen.

Olympe jedenfalls, die bis dahin nicht Mitglied der Freunde der Schwarzen ist, schlägt sich nun öffentlich auf deren Seite. In der ›Chronique de Paris‹ erscheint wenige

Tage vor der Aufführung ihres Stückes, am 19. Dezember 1789, ein Artikel von ihr, in dem es heißt, seit neun Jahren – in Wahrheit waren es nur fünf – habe sie um ihr Stück gekämpft, erst jetzt habe die »Wiederherstellung der Freiheit« seine Aufführung ermöglicht. Aber ihre Gegner ruhen nicht. Am 25. Dezember – also drei Tage vor der Aufführung – erscheint ein Pamphlet, das nicht mehr vor offener Drohung zurückschreckt: »Seit man sich in Frankreich nicht mehr schlägt, Madame, sich dagegen lieber ermordet, ist es vielleicht angemessen, die nicht zu provozieren, die einen Dolch bei sich tragen ... Mögen die Freunde der Schwarzen ... ihre Dolche wegwerfen und sich mit einem Schwert bewaffnen, das mit bloßem Arm und freier Brust geführt wird. Dann werden wir Ihnen mit Vergnügen zeigen, wer wir sind. Wir schlagen also den Herren von den Freunden der Schwarzen und Ihnen, Madame, vor ... sich auf die Ebene von Grenelle oder Des Sablons zu begeben, hier Gräben aufzuwerfen und sich mit uns bis zum Tode zu schlagen.«

Auch in dieser brenzligen Situation zeigt Olympe Geistesgegenwart. Diesmal schreibt sie einen offenen Brief an ihre Gegner, den die Zeitungen nachdrucken: »Die Vertreter unserer Kolonien ... sind (wegen des Titels) beunruhigt ... Sie schlagen Alarm in der Furcht, daß mein Stück den Aufstand predigen könne und die Gemüter für einen Aufstand vorbereite. Ich habe in meinem Stück keineswegs aufrührerische Theorien entwickelt, die geeignet sein könnten, Frankreich gegen die Kolonien aufzubringen.« Doch das beruhigt ihre Gegner nicht. Ein reaktionäres Blatt, unflätig wie stets, läßt schon ahnen, was bei der Aufführung des Stückes geschehen wird: »Man hinterbringt uns, daß man Neger auf das Theater der Nation bringen wird und daß ein Flittchen, das Paris niemals verlassen, dafür schlechte Romane gelesen hat, uns eine Rhapsodie über den Kongo vorspielen wird. Ich gehe niemals ins Theater, aber, verdammt noch mal, dieses Mal werde ich auf mein Kartenspiel verzichten und die Trillerpfeife bedienen.« Es folgen Andeutungen, daß die Aufführung durch gemietete Provokateure gesprengt werden soll, eine damals durchaus übliche Usance.

So kommt es am 28. Dezember 1789 zu dem, was nach solch einer Vorgeschichte kommen muß: Dicht gedrängt sitzen am Abend mehr als tausend Personen in der Comédie, die sich jetzt »Theater der Nation« nennen muß. Die ›Chroniques de Paris‹ vom nächsten Tag hat eine Schilderung hinterlassen, in der die Erregung des vergangenen Abends nachschwingt: »Wenige derartige Aufführungen wie diese wird man benennen können ... Zwanzigmal haben die Schreier der zwei Parteien, die der Verteidiger sowie die der Scharfrichter, versucht, die Aufführung zu unterbrechen. Schon bevor sich der Vorhang hob, herrschte eine gespannte Stimmung im Saal. Angesichts der Hitzigkeit, mit der die eine Seite die andere Seite aufstachelte, hätte man meinen können, daß sich die große Sache der Sklaverei der Neger oder deren Befreiung bereits in der Auseinandersetzung der beiden Parteien vollzog, die sich mit ihren unterschiedlichen Interessen zur Verteidigung oder zum Angriff begaben ... Man sollte nicht die Bemerkung unterdrücken, daß sich zu Beginn des ersten Aktes jemand erhob und sagte, der Autor sei eine Frau, was das Publikum aber kaum nachsichtiger stimmte ... Vom Anfang bis zum Ende, doch besonders während der Schlußszene war der Lärm unerträglich und die Aufführung ständig kurz davor, abgebrochen zu werden, so daß sich ein Spaßvogel erhob und den Antrag stellte, es solle nur in den Zwischenakten gepfiffen werden.«

Die Reaktionen der Pariser Presse auf das Stück sind gemischt. Der ›Moniteur‹ spricht von »einer der romantischsten Aufführungen, die man jemals auf der Bühne gesehen hat«. Die reaktionäre Presse schäumt, nicht nur, weil ein Mörder hier seinem vorbestimmten Schicksal entzogen wird. Ein frauenfeindlicher Ton wird da erkennbar, wo sich das Urteil über das Stück an der Tatsache orientiert, daß es von einer Frau geschrieben wurde: »Die Autorin dieses Stückes heißt Madame de Gouges. Das Publikum pfiff sie ohne Rücksicht auf ihr Geschlecht unbarmherzig aus. Eine Frau, die sich ihr Recht auf französische Galanterie erhalten will, muß dieses auch als Person verdienen. Der Zuschauer, zu ihrem Richter bestellt, glaubt sich dispensiert davon, galant zu sein. Angesichts der Ansprüche, die ihre weiblichen Eigenschaften in den Hintergrund rücken, ohne ihre Schwäche vergessen zu lassen, erkennt er in ihr nicht mehr ihr liebenswertes Geschlecht.« Was hier noch in relativ gemäßigten Worten als Begründung einer generellen Ablehnung formuliert wird, findet seinen chauvinistischen Ausdruck in einer Passage der ›Chroniques de Paris‹: »Wir wiederholen nur noch einmal ..., daß es eines Bartes am Kinn bedarf, um ein gutes Theaterstück zu schreiben.«

Olympe bekommt jedoch auch seriöse, konstruktive Kritik, aufgrund derer sie das Stück sogar verändert; aber die Schauspieler, die das Drama nur nolens volens auf die Bühne gebracht haben, bedienen sich nun eines perfiden Tricks: Sie spielen die ›Sklaverei der Neger‹ in der ursprünglichen Fassung am 31. Dezember noch einmal – diesmal vor halbleerem Saal. Sie tun es, weil es eine Regelung gibt, die besagt, daß ein Stück nach drei Vorstellungen abgesetzt werden kann, falls die Auslagen des Theaters durch die Einnahmen nicht gedeckt werden können. Dieses Damoklesschwert hängt über jedem Drama. Also spielt man am 2. Januar 1790 ein drittes Mal, stellt fest, daß das Einnahmenminimum von sechshundert Livres unterschritten ist, nimmt das Stück aus dem Repertoire und schließt die Akten. Zugleich aber wird es, da es dreimal gespielt wurde, Eigentum des Théâtre National. Das bedeutet, daß das Stück an keinem weiteren Theater aufgeführt werden darf.

Und noch immer gibt sich Olympe nicht geschlagen. Die Comédie wendet sich nun an den Pariser Bürgermeister Bailly, damit er den fortdauernden Streit schlichte. Auch diese Intervention zeigt, daß es sich um mehr handelt als um eine Routineangelegenheit zwischen einer unbekannten Autorin und einem berühmten Theater. Doch die revolutionäre Stadtverwaltung hat Angst, Olympes Stück könne einen »Aufstand in den Kolonien provozieren«. Bei einer Gegenüberstellung kommt schließlich heraus, daß die »Colons« vierzig Jahreskarten – jede mindestens eintausendsechshundertvierundsechzig Livres, also zehntausend Franc wert – aufgekauft hatten und daß die Schauspieler wegen Madame de Gouges nicht »ihr Brot verlieren wollten«. Sie waren mit der Absetzung des Stückes vor den Pressionen der Kolonialherren zurückgewichen. Doch auch diese Erkenntnis nützt nichts. Wenige Tage später verfügt Bailly, daß die Aufführung der ›Sklaverei der Schwarzen‹ nicht mehr wieder aufgenommen wird.

Wie gewöhnlich fällt Olympe auch dieses Mal noch etwas ein, um ihre Rechte zu erstreiten. Sie schreibt einen offenen Brief an die französischen Literaten, läßt ihre Sympathisanten vor dem Theater demonstrieren, schreibt einen Brief an die Abgeordneten der Nationalversammlung mit einem ›Memorandum Madame de Gouges gegen die Comédie Française‹. Alles vergeblich. Das ist zu diesem Zeitpunkt sogar verständlich, denn die Abgeordneten sind mit wichtigeren Dingen als mit den Angelegenheiten einer Theaterautorin beschäftigt, zum Beispiel mit der Abschaffung der Privilegien und der Abfassung einer neuen Konstitution. Dennoch: Der Skandal um die Stükke Olympes hat die Diskussion um den privilegierten Status der Comédie Française neu entfacht; aus diesem Grund ist er doch wichtig und notwendig gewesen.

Demgegenüber hatten jedenfalls die Schauspieler den Zug der Zeit falsch eingeschätzt, sie hatten, wie man sagt, die falschen Klinken geputzt. Aus Habgier hatten sie die Gelegenheit verpaßt, sich in die neue Zeit zu retten. Die bedeutendsten Autoren, unter ihnen La Harpe, Chamfort, Mercier, Chénier, begaben sich nun zur Nationalversammlung, um eine Petition vorzutragen, die sowohl eine Gleichstellung der Autoren wie auch die Freiheit der Theater fordert. Keine Frau, auch nicht Olympe de Gouges, ist unter ihnen. Könnte es sein, daß die Männer befürchteten, eine Frau in der Delegation könne das Wohlwollen der Abgeordneten negativ beeinflussen?

Wie auch immer: Nur vier Monate später, im Januar 1791, verabschiedet die Nationalversammlung eine Resolution, in der es heißt: »1. Jeder Bürger kann ein Theater eröffnen und Stücke jeder Art spielen ... 2. Stücke, die von Autoren stammen, die fünf oder mehr Jahre tot sind, sind öffentliches Eigentum und können auf allen Theatern gespielt werden. (Damit ist das Monopol der Comédie auf die Klassiker gebrochen.) 3. Die Werke von lebenden Autoren können nirgendwo ohne ausdrückliche und schriftliche Genehmigung des Autors gespielt werden.« Als der Bürgermeister Bailly, der sich vorher so ablehnend gegenüber Olympe gezeigt hatte, erkennt, wie sehr der Wind plötzlich aus einer anderen Richtung weht, hängt er sein Mäntelchen danach und läßt – scheinheilig – nun plötzlich bei der Comédie nachfragen, was denn der eigentliche Grund gewesen sei, der zum Verbot der ›Sklaverei der Neger‹ geführt habe. Inzwischen jedoch füllt die Revolution Olympes Leben aus; ihre Theaterzeit liegt im Grunde hinter ihr. Zwar liebäugelt sie noch einmal kurz damit, ihr Stück in England aufführen zu lassen: »Ich werde dort sehen, ob freie Menschen vor dem Eigennutz und vor dem Gewinnstreben einer ungerechten, unterdrückerischen und unmenschlichen Partei zurückschrekken werden.« Doch ihr Plan nimmt keine konkreten Formen an.

Sie verzichtet zwar nie ganz darauf, für das Theater zu

schreiben, versucht sich immer wieder von neuem, hat auch immer wieder Anlaß, weil sie »aktuelles« Theater macht. Aber ihre Aufmerksamkeit gilt von nun an der Politik; ihre Stücke sind Politik mit anderen Mitteln. Im Jahre 1791 wird in einem Pariser Theater ›Das Kloster oder die erzwungenen Wünsche‹ (›Le Couvent ou les vœux forcés‹) aufgeführt; die Aufführung ist so miserabel, daß sich Olympe von ihr distanziert. Im selben Jahr wird die Huldigung an ›Mirabeau auf den Champs-Elysées‹ von der Comédie Italienne aufgeführt. Ihr letztes Stück, ›Der Einzug von Dumouriez in Brüssel‹ (›L'entrée de Dumouriez à Bruxelles‹), 1793 abgefaßt, wird ihr schließlich zum Verhängnis. Es wird, eine Woche vor der Exekution Ludwigs XVI., am 23. Januar 1793 zum ersten Mal gespielt. Kurz nachdem es im Pariser ›Theater der Republik‹ das Publikum erreicht hat, läuft General Dumouriez, der im Mittelpunkt der Handlung steht, zur feindlichen Seite über. Ganz Frankreich ist in Aufruhr, der gegenrevolutionäre Aufstand in der Vendée hat begonnen, die revolutionären Armeen sind geschlagen worden, die Girondisten, die gemäßigten Freunde Olympes, werden bald unter Anklage gestellt. So wird auch sie beschuldigt, eine Royalistin zu sein. Dabei hatte sie nichts anderes gewollt, als den staunenden Franzosen zu zeigen, mit welcher Begeisterung die Botschaft der Revolution in Belgien aufgenommen wurde. Sie hatte ein patriotisches Stück geschrieben und galt nun plötzlich als Feindin des Vaterlandes. Ihre Liebe zum Theater hat ihr wahrlich kein Glück gebracht.

Die Zeit der Vorrevolution

Warum hat sich Olympe gleich in ihrem ersten Werk mit dem Schicksal der Schwarzen beschäftigt? Die Antwort ist nicht einfach. Ihre Wahl war sicherlich nicht so bewußt und beabsichtigt wie es aufgrund der Beschreibung vielleicht erscheint. Wahrscheinlich hat sie eine Parallele zwischen dem Status der Sklaven und dem der Frauen gespürt, die Ähnlichkeit in der Behandlung hat sie frappiert, die Macht, die Menschen über Menschen auszuüben vermögen. Zwar ging es ihr materiell nie besser als zu ihrer Zeit als Femme galante; aber nie hatte sie auch weniger Rechte. Das Ancien Régime hatte es der Kirche überlassen, die gesellschaftliche Stellung der Frau zu definieren. Die hatte diese Frage geregelt, indem sie das Verhältnis von Mann und Frau der juristischen Handhabung von Gütern und Austauschverhältnissen zuschlug: »Die Frau ist ein Tauschobjekt, sie selbst ist ein Gut.« Dies wird ungefragt in einer Zeit akzeptiert, in der Ungleichheit als gottgegeben gilt; also wird auch die »natürliche« Ungleichheit der Geschlechter akzeptiert. So mag für Olympe diese Widerstand provozierende Grundeinstellung gegenüber den Schwarzen – der Sklave als Tauschobjekt – ausschlaggebend für die Wahl ihres Themas gewesen sein. Es war jedoch zu früh.

Doch ebenso wie sie vor der Revolution für die Sklaven gestritten hat, so hat sie sich in dieser Zeit auch für mehr soziale Gerechtigkeit eingesetzt. Ein Blick auf die Vorrevolutionszeit ist wichtig, um zu verstehen, vor welchem Hintergrund Olympe politisch in Erscheinung trat. In ihrem eigenen Schicksal kristallisiert sich vieles, was ein Frauenleben in dieser Epoche so schwierig macht; viele

Probleme, denen Frauen gegen Ende des 18. Jahrhunderts ausgesetzt waren, sind auch die ihren: das nicht einklagbare Recht des illegitimen Kindes, die mangelhafte Bildung, die erzwungene Ehe mit einem ungeliebten Mann, das Fehlen adäquater Berufe für die Frauen. All diese Bereiche stehen in den wenigen Jahren, die ihr noch bleiben, im Zentrum einer fieberhaften Tätigkeit. Doch ihre Erwartungen und Hoffnungen werden nicht erfüllt. Enttäuscht muß sie feststellen, daß die Revolution nichts daran ändert, daß sie ihren Traum von Gleichberechtigung weiterträumen muß.

Ihr Schicksal ist deshalb sowohl eine individuelle Tragödie wie ein überindividuelles Verhängnis. Ihre Forderungen, die Formen, in denen sie auf sich aufmerksam macht, sind nur dann zu verstehen, wenn sowohl die Gärungsphase der Prä-Revolution ins Auge gefaßt wird wie auch die sich daran anschließende Geschichte der Frauen während der Revolution. Zug um Zug läßt sich zeigen, daß gerade die Frauen, von denen Graf Mirabeau, der gerissene Taktiker, sagte, die Revolution sei ohne sie überhaupt nicht möglich gewesen, von dem Augenblick an aus dem politischen Leben endgültig entfernt werden, als sie beginnen, über ihre Rolle nachzudenken, und damit das Machtmonopol der Männer gefährden. Deshalb ist die Enthauptung Olympe de Gouges' nicht nur irgendeines von vielen Frauenschicksalen. Sie ist der extremste Ausdruck für einen subtilen frauenfeindlichen Trend (das Wort »antifeministisch« scheint hier unangebracht, weil es ein bewußtes kollektives Geschlechtsbewußtsein voraussetzt, dessen Fehlen Olympe so oft beklagt). Noch Napoleon hat gegenüber der Witwe von Condorcet, der Selbstmord begehen mußte, seinen Gefühlen keinen Zwang angetan: »Ich schätze es nicht, wenn sich die Frauen in die Politik einmischen«, hatte er gesagt. Doch die geprüfte Frau hatte die richtige Antwort parat: »In einem Lande, in dem man sie köpft, möchten sie gerne wissen, warum das geschieht.«

In den zeitgenössischen Illustrationen werden die Helden der Revolution meist von weiblichen Genien umflattert dargestellt. Doch es ist grotesk. »In den modernen Mythologien«, analysiert eine heutige Studie, »verkörpert die Figur der Frau die Bewegung des Volkes ... Mit Hilfe von Frauenfiguren hat man sich die Geschichte des Volkes in revolutionären Zeiten erträumt. Ihre Nicht-Geschichte oder ihre Mehr-als-Geschichte diente, je nachdem, welchen Standpunkt man einnimmt, dazu, den Skandal zu ermessen oder aber im Gegenteil die Hoffnung auf ein Heil, das diese Revolutionen hervorrufen.« Daß sie als bildhafte Symbolfiguren herhalten dürfen, hat sie aber der Selbstbefreiung keinen Schritt näher gebracht. Von der Vorbildfunktion der französischen Revolution heißt es daher in derselben Studie: »Der Blick der Männer verklärt sich vor den Amazonen und anderen ›weiblichen Grenadieren‹, die, ›so häßlich, daß man Angst bekam‹, für sich in Anspruch nehmen, den Marsch der Revolution zu eröffnen.«

Olympe gehört zu diesen »weiblichen Grenadieren«, wenn auch nicht zu denen, die »so häßlich sind, daß man Angst bekommt«. Schon ihre Querelen mit der Comédie Française haben ihr zweierlei gezeigt: einmal die Vereinzelung der Frau in einer männlichen Gesellschaft, zum anderen die Strukturen in einer grundsätzlich ungleichen Gesellschaft, in der Privilegien als Gerechtigkeit interpretiert werden. Schließlich lebt sie in der Spätzeit des Ancien Régime, dessen privilegierte Schicht nicht nur die Süße des Lebens bis zur Neige auskostet, sondern die auch durchzogen ist von immer offener ausgetragenen »Klassenkämpfen« der unterschiedlichsten Art. 1764 hatte Ludwig XV. den Jesuitenorden verboten, nicht zuletzt unter dem Einfluß der Madame de Pompadour, seiner Mâitresse en titre; vierhundertachtundfünfzig der dreitausend Klöster Frankreichs waren aufgehoben worden. Die Parlamente, die obersten Gerichtshöfe, waren Hochburgen des reaktionären Adels, ließen Rousseaus ›Emile‹ verbrennen. Ihre reformfeindliche und selbstsüchtige Politik, die immer wieder Reformen verhinderte, waren unter anderem die tieferen Ursachen des Zerfalls des alten Reiches.

»Fortschrittlich« waren unter Ludwig XV. merkwürdigerweise nicht selten Staatsbeamte, die dem Klerus nahestanden. 1771, als sich das Pariser Parlament offen gegen den König gewandt hatte, wurden einhundertdreißig Parlamentarier, allesamt Aristokraten, zusammen mit ihren Familien zeitweise in die Provinz verbannt. Das führte nur zu neuen Unruhen in der Schicht, die den König stützen sollte. Die Käuflichkeit der Parlamentssitze wurde 1771 abgeschafft, tatsächlich eine revolutionäre Tat; eine Justizreform wurde ebenfalls eingeleitet. Der damalige Finanzminister Turgot machte sich daran, die zerrütteten Staatsfinanzen zu sanieren, eine Aufgabe, an der nicht nur er scheiterte; immer wieder siegten die etablierten Interessen, 1776 wurde Turgot abgesetzt. Schon 1774 war Ludwig XV. gestorben – für die Verfechter einer neuen Politik war seitdem kein Platz mehr.

Das geistige Leben in dieser Zeit war von unheilbaren Sprüngen durchzogen: Einerseits regierte die Aufklärung: Voltaire und Diderot mit ihren anti-absolutistischen Lehren; andererseits hinkte die Staatsorganisation immer weiter hinter dem in anderen Staaten Europas schon erreichten Standard her. Die Territorialverhältnisse waren unentwirrbar geworden. Als vollends verderblich erwies es sich, daß Ludwig XVI. – er war im Gegensatz zu seinem Vorgänger zwar tugendhaft, aber faul und ohne Überblick – dem Drängen seiner Berater, die von vorgestern stammten – sein Chefminister Maurepas war dreiundsiebzig Jahre alt – nachgab: Er widerrief die Reformwerke Turgots, setzte die stockreaktionären Parlamente in ihre alten Rechte ein und stellte damit den Einfluß der Noblesse de Robe wieder her. Der Staat war den

Problemen, die seine Organisation aufwarf, nicht mehr gewachsen.

Insbesondere zwei ungelöste Probleme waren schon seit Jahrzehnten akut: zum einen der Getreidemangel – die Preise waren reglementiert –, der zu Teuerungen, schließlich zur sogenannten »Guerre de farine« führte. Zum zweiten die notwendige »Liberalisierung« der Gesellschaft, damit die Freisetzung von Kräften, die bislang brachlagen. Turgot hatte sich für die Abschaffung der Fronarbeit der Bauern, für eine Aufhebung des Zunftzwanges, schließlich auch für die Zivilehe, die Schaffung eines staatlichen Schulwesens – das Schulwesen lag in der Hand der Kirche – und andere notwendige Reformen eingesetzt. Er strauchelte unter dem Einfluß der beharrenden, konservativen Kräfte. 1776 war sein letztes Wort an den König: »Ich hoffe, daß die Zeit mich nicht rechtfertigen möge.« Die Zeit rechtfertigte ihn jedoch bald. Denn nicht nur wurden Turgots Reformen von seinen Nachfolgern wieder rückgängig gemacht, auch brachte das militärische Engagement Frankreichs in den USA zwar einen militärischen Erfolg gegen den Rivalen England, zugleich aber zusätzliche finanzielle Belastungen, die Frankreich nicht mehr tragen konnte.

Als der Schweizer Jacques Necker, der zum Liebling des Volkes avancierte, 1777 die Finanzverwaltung übernahm, versuchte er sie zu modernisieren. Er setzte Provinzverwaltungen ein, unter anderem in der Haut-Guyenne mit dem Tagungsort Montauban, dem Geburtsort Olympes. Da auch er nicht daran vorbeikam, Pfründe und Privilegien anzutasten, mußte er 1781 gehen. »Ludwig XVI. avancierte im Gegensatz zu seinem Vorgänger immer mehr zu einem König der fünfhunderttausend Privilegierten, das heißt zu einem Vertreter der Interessen von nur zwei Prozent der Bevölkerung.« Es waren diese Privilegierten, die ihr eigenes Ende dadurch heraufbeschworen, daß sie die ihnen eingeräumten Vorrechte als gnadenlose Ausbeutungsmaschinerie handhabten. Als der Nachfolger Neckers, Calonne, in letzter Minute eine Reform ins Auge faßte, die unter anderem eine Umwandlung der Frondienste in eine Steuer, dazu eine Besteuerung der Landbesitzer vorsah, wußte er, daß er sie mit den Parlamenten nicht würde erreichen können. Deshalb setzte er 1787 eine Notabelnversammlung ein, die zwar den Steuerplänen zustimmte, ihre Privilegien aber beibehalten sollte.

1788 – in dem Jahr also, in dem Olympe ihr erstes politisches Pamphlet verfaßte – kam es zum offenen Konflikt zwischen Krone und Parlament. Ludwig XVI. ließ – viel zu spät – zwar die Parlamente entmachten, doch daraufhin revoltierten die Privilegierten in der Provinz. Die Autorität war dem König entglitten. Wieder gab er dem Drängen der Aristokraten nach und lud die Generalstände, die zum letzten Mal im Jahre 1614 getagt hatten, auf den 1. Mai 1789 nach Paris ein. Es waren – daran sollte mit diesem kurzen Rückblick auf die Révolution Aristocrate, auf die aristokratische Vorrevolution, erinnert werden – nicht die aufstrebenden bürgerlichen Stände, sondern die Privilegierten, die die Einberufung der Generalstände wünschten, um ihre Stellung unverändert zu halten. So wurden sie nicht nur zu Opfern ihres obstinaten Verhaltens – sie wurden, ohne es zu wollen, zu Schöpfern einer Umwälzung, die zu Beginn selbst den Erwartungshorizont der Aufklärer überstieg.

Die Politik tritt in ihr Leben

Olympe de Gouges steht nicht allein mit ihrer Forderung nach einer politischen Besserstellung der Frauen. Neben ihr haben Frauen auch schon vor der Revolution ihre Stimmen erhoben. Die ›Cahiers de Doléances‹ – ursprünglich Eingaben an die Generalstände mit Beschwerden aus dem ganzen Land – zeigen, daß sich zwar nur relativ wenige Vereinigungen von Frauen zu Wort meldeten; aber immerhin, es gab sie. Frauenvereinigungen existierten in Frankreich etwa ab Oktober 1790, und sie trugen Namen wie Légions d'Amazones Nationales oder Revolutionäre Republikanerinnen. Was sie zu sagen hatten, war von bitterer Klarsicht. Sie empfänden sich, so schreiben sie, als den »Dritten Stand des Dritten Standes«. Eine Frau aus der Normandie, eine Madame B. B., schreibt: »Wie man hört, wird davon gesprochen, den Negern die Freiheit zu geben; das Volk, fast ebenso Sklave wie sie, wird seine Rechte wiederbekommen. Doch was ist mit den Frauen? Die Devise für die Frauen ist: arbeiten, gehorchen und schweigen. Doch gegen alle diese Ungerechtigkeiten muß etwas getan werden. Vereinigt euch, ihr Mädchen und ihr Bürgerinnen in den Provinzen, die ihr von ungerechten und lächerlichen Bräuchen dominiert werdet; stoßt bis zum Fuß des Thrones vor, interessiert euch für alles, was ihn umgibt; fordert die Abschaffung eines Gesetzes, das euch zur Armut verdammt, sobald ihr auf die Welt kommt.«

Das sind von der Aufklärung inspirierte Themen, hier ebenso wie in einem der kollektiven ›Cahiers‹, in dem sich die Forderung findet, die Erziehung der Mädchen so zu gestalten, daß sie ein selbständiges Leben führen können. »Wenn sie hübsch geboren sind, ohne Kultur, ohne Prinzipien, ohne moralische Vorstellungen, dann werden sie die Beute des erstbesten Verführers, begehen einen ersten Fehler, kommen nach Paris ... enden damit, sich nur ganz zu verlieren, und sterben als Opfer ihrer Libertinage ... Um soviel Übel abzuhelfen, Majestät, verlangen wir, daß wir soweit aufgeklärt werden, daß wir Berufe haben können, nicht um die Autorität der Männer an uns zu reißen, sondern um etwas mehr geschützt zu sein; damit wir unsere eigenen Einkünfte haben, um nicht ständig dem Unglück ausgesetzt zu sein ... Damit sich die Straßen nicht immer mehr mit den Unglücklichen füllen, deren lotterhafte Kühnheit zur Schande unseres Geschlechtes und der Männer, die sich ihrer bedienen, gereicht.« Solche Beispiele zeigen, daß mit und in ihnen keine radikale Minderheit spricht, sondern ein weitverbreitetes Gefühl, das noch keine Ausdrucksmöglichkeiten gefunden hat. Nur wenige freilich sind fähig, dieses Gefühl zu artikulieren. Und noch weniger, für ihre Rechte zu kämpfen.

Zu ihnen gehört Olympe. Sie entwickelt Eigenschaften, die sie einzigartig machen in der Geschichte sowohl der Französischen Revolution als auch der Frauenemanzipation. Seit Jahren ist sie von dem bewegt, was um sie herum diskutiert wird. Man spricht in den Pariser Salons, spricht bei den Zusammenkünften der Intellektuellen von nichts anderem als von den notwendigen Veränderungen. Diese Diskussionen in ihrer unmittelbaren Umgebung muß man mit einbeziehen, um zu verstehen, wie sie dazu kam, ihr erstes politisches Pamphlet zu verfassen. Ihr ›Brief an das Volk oder Projekt einer patriotischen Kasse‹ wird am 6. November 1788 im ›Journal Général de France‹ angezeigt. Dies ist kein ärmlich gedrucktes Pamphlet. Schon das vorangestellte Schmuckblatt zeigt, daß die Autorin nicht ohne Geldmittel ist.

Schon in dieser ersten, provisorischen Schrift befleißigt sich Olympe einer merkwürdigen Mischung von Privatem und Öffentlichem; schon hier reitet Olympe ihre persönlichen Steckenpferde. Abstrakte Gedankengänge werden von dem unterbrochen, was ihr gerade durch den Kopf geht – um dann doch immer wieder den Weg zu den drängenden öffentlichen Aufgaben zu finden. Auch hier äußert sich Mitgefühl mit den Armen und Entrechteten, doch nirgendwo ein Wort gegen das Königshaus. Im Gegenteil, die Autorin ist bestrebt, die Loyalität aller Stände gegenüber dem Thron zu stärken. Nicht in neuen Steuern sieht sie den Weg aus der permanenten Finanzkrise des Staates, sondern in einer freiwilligen patriotischen Kasse, zu der alle ihren Beitrag leisten, auch der königliche Hof durch eine Einschränkung seiner persönlichen Ausgaben. – Der hätte auch Grund dazu gehabt: Die fünfzehntausend Personen des Hofes verschlangen sieben Prozent der Staatsausgaben.

Und das alles wozu? Damit ein Bürgerkrieg vermieden werde. Olympe sieht diesen Bürgerkrieg voraus. Die Armut des Volkes führt zum Aufstand, der Aufstand zur Intervention des Staates, »und schon ist eine schreckliche Metzelei im Gange.« – »Auf diese Weise kann der Bürgerkrieg beginnen! Guter Gott! Ich zittere, während ich das Wort ausspreche. Welches Übel wäre unter den Menschen mehr zu fürchten als diese Geißel? Aber was sage ich? Nichts darf zu einem solch grausamen Ereignis führen. Frankreich ist derart in Not, daß man nicht noch danach streben sollte, sein Übel zu vergrößern.« Olympe sieht in einem Pakt der Stände, in einer allseitigen Loyalität das Allheilmittel. Davon freilich will das aufgewühlte, gespaltene, auch enttäuschte französische Volk zu diesem Zeitpunkt nichts mehr hören. Sie schreibt eine reale Utopie, aber das Volk teilt nicht mehr ihre Hoffnungen. Dennoch hat sie recht behalten. Da die Revolution zwar die Freiheit, aber nicht mehr Brot bringt, entfernt sie das Volk vom Königshaus, dann die Parteien vom Volk, bis die »Diktatur der Freiheit« die Träume von 1789 erst einmal wegbläst.

Revolutionäre Prosa

Diese erste Schrift ist nur ein Auftakt. Als seien bei Olympe alle emotionalen wie intellektuellen Dämme gebrochen, als folge sie einem inneren Zwang, veröffentlicht sie allein im Jahre 1789 zwölf weitere Druckschriften, Pamphlete, Einwürfe. Noch überkreuzen sich dramatischer und publizistischer Elan – schließlich hat ihr erstes Drama zu dieser Zeit noch immer nicht das Licht der Bühne erblickt –, aber die Waage neigt sich mehr und mehr zur politischen Publizistik. Olympe schreibt über alles und jedes – nicht zuletzt über sich selbst. Aber in diesem Wust von Äußerungen, eingeleitet fast immer von einer Bemerkung, die auf ihre Eigenschaft als Frau verweist oder ihren mangelhaften Wissensstand zum Gegenstand einer Captatio benevolentiae macht, finden sich dennoch einige Konstanten.

Das ist, nun immer stärker politisch akzentuiert, zum einen die weibliche Perspektive. »Die Generalstände«, so schreibt sie, »können nicht die Ratschläge einer Frau als deplaziert empfinden, die trotz der natürlichen Leichtfüßigkeit ihres Geschlechtes vernünftige Ansichten hat. Dieses Geschlecht, das um seinetwillen anzugreifen man sich gefällt, hat dennoch oft genug geistreiche Ideen, die von weisen Männern nicht völlig mißdeutet werden können. Sie machen sich diese sogar manchmal zunutze und haben immerhin die Güte, dies auch zuzugeben. Was den Laffen, den Gecken, den Inkonsequenten und den Pedanten angeht, so ist in ihren Augen die Frau ein unnützes Wesen in der Gesellschaft; aber was geht mich schon das Geschwätz dieser Männer an, die noch unnützer sind als die Weibchen? ... Nichts kann mich von dem Weg abbringen, den ich mir gebahnt habe.«

Die zweite Konstante – nach der Flucht des Königs 1792 nur kurzzeitig erschüttert – ist ihre Gewißheit, daß nur ein Pakt von Monarchie und Demokratie den inneren Frieden bringen könne. Diese Überzeugung kostet sie schließlich den Kopf. Hier ein Zitat aus früherer Zeit: »Der König ist nicht glücklich; die Untertanen können es nicht sein. Aber alles kann gut werden unter einem guten Monarchen.«

Die dritte Konstante läßt sich so beschreiben: Sie erwartet eine Verbesserung der Zustände weniger durch eine Verbesserung der Institutionen als durch eine Verbesserung der Menschen. Hier schlägt das Erbe Rousseaus durch, den sie in den ersten, noch nicht so blutbefleckten Jahren der Revolution immer wieder zitiert. Die starke Betonung dessen, was sie »Natur« nennt, bleibt auch dann erhalten, wenn sie von Politik spricht. Sie, das Naturkind, hat die Rolle der Natur schon in ihren beiden »früheren Leben« immer wieder hervorgekehrt. Ähnlich 1789: »Alles, was meinem schwachen Geist entspringt, sollte betrachtet werden als eine Frucht, die die Natur hervorbrachte und die nie von fremder Hand geformt wurde.«

In allem, was ihre Lebensweise, ihre Einstellung zur Gesellschaft angeht, ist sie von äußerster »Modernität«. Man könnte sie einen frühen »Single« nennen, eine alleinerziehende Frau, die bewußt keine Bindung eingeht. Sie sucht im Neuen soviel Altes zu bewahren, wie ihr nur irgend möglich ist. Diese Haltung führt sie immer wieder zur Monarchie zurück: In ihrer politischen Einstellung bleibt sie von Anfang bis Ende konservativ.

Eine weitere Flugschrift erscheint noch vor dem Zusammentritt der Generalstände am 5. Mai 1789. Auch sie liefert den Beweis, daß Olympe nicht gleichsam besinnungslos vom revolutionären Fieber der Zeit erfaßt worden ist. Sie hat ein persönliches Interesse daran, daß unhaltbar gewordene Zustände sich zum Guten verändern.

Ihre ›Patriotischen Bemerkungen‹ (›Remarques Patriotiques‹) – »Patrioten« nennen sich zu dieser Zeit die fortschrittlichen Mitglieder des Dritten Standes, die sich damit ein zugkräftiges Etikett verleihen – erscheinen Mitte Dezember 1788. In ihnen entwickelt sie ein vollständiges soziales Programm. Wenn man davon ausgeht, daß sie nur mit Mühe lesen konnte, dann müssen diese ›Bemerkungen‹ vorwiegend die Ergebnisse der »philosophischen Gespräche« innerhalb und außerhalb ihres Salons gewesen sein; zu solchen Gesprächen hatte eine aufgeklärte und gebildete Adlige einst angemerkt: »Philosophieren, das heißt der Vernunft ihre ganze Würde zu verleihen und sie in alle ihre Rechte einzusetzen; es ist ein Sich-Befreien vom Joch der Meinungen und der Autorität.« Dieses »Philosophieren« der Aufklärer hatte jahrzehntelang etwas Utopisches und Idealistisches gehabt; es war ein permanentes Pläneschmieden ohne die geringste Aussicht auf Verwirklichung geblieben. Nun aber schreibt Olympe in ein Zeitalter der revolutionären Möglichkeiten hinein. Was sie vorzuschlagen hat, klingt teilweise ungemein modern.

Einerseits wendet sie sich heftig gegen die Glücksritter und Spekulanten des ausgehenden Ancien Régime – der Vetter des Königs, Philippe von Orléans, war der reichste und skrupelloseste unter ihnen –; andererseits formuliert sie Vorschläge, um das Los der Armen zu lindern, die gerade in Paris unter unvorstellbaren Bedingungen hausen. Sie möchte Häuser errichten, in denen die Armen, die Waisenkinder, auch Mütter ohne Versorgung Unterkunft finden sollen. Sie spricht vom Übel der Bettelei, fordert eine Art soziale Fürsorge, die Abhilfe schaffen soll. Sie regt kollektive Arbeitshäuser an, in denen Arbeitslose ihren Lebensunterhalt verdienen können. Sie möchte Agrarkollektive auf Ländereien errichten, die nicht bebaut werden. Steuerreformen, die heute noch aktuell sind, finden in ihr eine Fürsprecherin. Sie schlägt eine Luxussteuer auf die Zahl der Bediensteten vor, auf die Zahl der Equipagen, die im Besitz der Reichen sind. Und sie empfiehlt etwas, was wir heute »Spielbankabgabe« nennen würden. Dies kaum zur Freude von Philippe von Orléans, in dessen Palais-Royal die meisten der Pariser Spielbanken logieren. Fragwürdiger sind andere Vorschläge, beispielsweise eine Art Kunststeuer, nach der etwa Skulpturen und Gemälde zu besteuern sind. Ihre Begründung, daß nur Reiche sich Künstler leisten könnten, klingt aus heutiger Sicht nicht unbedingt überzeugend:

»Eine Steuer auf die Malerei und die Bildwerke wäre keineswegs deplaziert; das Volk läßt sich weder malen noch modellieren, auch läßt es seine Wohnungen nicht ausmalen.« Nationalökonomie war nicht ihre Stärke.

All dies schreibt sie noch in Erwartung des Zusammentritts der Generalstände. Von ihnen erhofft sie sich den Anbruch des goldenen Zeitalters; deswegen schlägt sie sich von Anfang an auf die Seite derer, die mehr erreichen wollen als eine Wiederholung des alten Spiels, als eine Bestätigung der königlichen Prärogativen im Austausch gegen aristokratische Privilegien.

Chronistin der Revolution

Man würde übertreiben, behauptete man, bei den dramatischen Ereignissen, die nunmehr anheben, habe Olympe im Mittelpunkt gestanden. Das sicher nicht, auch wenn sie von der Öffentlichkeit, teils belästigt, teils belustigt, bemerkt wird. Sie steht nicht im Mittelpunkt, aber sie hält sich im Mittelpunkt. Sie ist dort präsent, wo sich etwas regt. Mit ihren Pamphleten folgt sie den Ereignissen immer aus der Nähe; sie ist eine Art Chronistin, die zu Beginn nur schwer einer Partei zuzuordnen ist – schon deshalb, weil sie in den schnell einsetzenden Zersplitterungen des revolutionären nationalen Willens eine der großen Verirrungen der Revolution erkennt. Eindeutig und kompromißlos nimmt sie Partei nur für die Frau. Den Frauen und der Armut widmet sie ihre ersten Schriften.

Die Ereignisse überstürzen sich. Noch Ende 1788 hatte Ludwig XVI. verfügt, daß die drei Stände getrennt zu tagen hätten, hatte zugleich aber eine Verdoppelung der Vertreter des Dritten Standes angeordnet. Auf diese Weise konnte das Bürgertum nicht mehr von der Aristokratie und dem hohen Klerus überstimmt werden. Doch schon am 6. Mai 1789, gleich nach Eröffnung der Versammlung in Versailles – die Stände tagen in getrennten Sälen –, kommt es zu einem Meinungsstreit, der nahtlos in die bürgerliche Revolution übergeht. Die Abgeordneten des Dritten Standes, fünfhundertachtundsiebzig an der Zahl und die meisten von ihnen Juristen, verlangen gemeinsame Beratung, während der erste und der zweite Stand auf getrennter Beratung der Stände beharren, was einer ständigen Majorisierung des mächtig gewordenen Bürgertums gleichkommt. Dieses behauptet jedoch von sich, es repräsentiere sechsundneunzig Prozent der Nation und erklärt sich folglich zur Nationalversammlung. Als seine Vertreter am 20. Juni 1789 ihren Versammlungsort verschlossen vorfinden, versammeln sie sich in Versailles in dem leeren Saal des Jeu de Paume und schwören einander, sich so lange nicht zu trennen, bis sie dem Land eine neue Verfassung gegeben haben. Das Land hat einen neuen Souverän, das Volk.

Der Abbé Sieyès und der Graf Mirabeau waren schon vor Einberufung der Generalstände zum Dritten Stand übergelaufen. Nun schließen sich ihm noch weitere neunzehn geistliche Würdenträger, im Juni siebenundvierzig Deputierte des Adels, darunter der Duc d'Orléans, an. Plötzlich sieht sich der König in einer kritischen Lage. Am 9. Juli erklärt er, zögernd wie immer, die Nationalversammlung zur Verfassunggebenden Versammlung, zur Constituante. Eine kurze Beschreibung dieser noch gewaltlosen politischen Wende gibt der französische Historiker de Bertier de Sauvigny: »Die absolute Monarchie hatte nun zu existieren aufgehört, und es war gelungen, diese politische Revolution von Aristokraten und Juristen ohne einen Tropfen Blut zu vollziehen. Doch genau in diesem Moment trat das Volk von Paris und in der Provinz in Aktion und eröffnete die Ära gewalttätiger Auseinandersetzungen.«

Tatsächlich hat nicht mit dem 9., sondern mit dem

14. Juli die Revolution ihre entscheidende Wendung genommen. An diesem Tag tritt das Volk von Paris als Mitgestalter in die Geschichte der Revolution ein. Die von hundert Invaliden und einer Handvoll Schweizern bewachte Bastille, die als Zwingburg der absoluten Monarchie gilt, wird gestürmt und geschleift. Die ersten Toten der Revolution sind zu registrieren. Der Kommandant der Festung, der Marquis de Launay, sechs seiner Soldaten, später der Bürgermeister von Paris, Flesselles, der Intendant der Finanzen, Fouillon, und der Verwaltungschef von Paris, Bertier de Savigny, werden ermordet. Der Zufall hatte sie dem Volkszorn übereignet. Menschliche Köpfe, auf Pieken durch die Stadt getragen, sind von jetzt an nichts Neues mehr. Die Place Vendôme wird im Volksmund zum »Platz der Pieken« umbenannt.

Eine neue Kraft ist in die Geschichte Frankreichs eingetreten. Sie wird nicht sofort spürbar, da die aus vermögenden Bürgern bestehende Nationalgarde unter General Lafayette, dem legendären Haudegen aus dem amerikanischen Freiheitskrieg, die Ordnung weiterhin aufrechterhält. Dennoch ist nicht mehr zu übersehen: Die künftigen Entscheidungen können nicht mehr ohne »das Volk« getroffen werden: die kleinen Handwerker, die Gesellen, die Bauern, die Marktweiber, alle jene, die bisher mehr oder weniger rechtlos dahingelebt haben. Zu Beginn können noch skrupellose Männer des Adels wie Philippe von Orléans, der spätere Philippe Egalité, den Zorn des Volkes steuern und geschickt zugleich das Prestige der Bourbonen demontieren. Doch zuletzt triumphieren dann die, denen es gelingt, die Massen in den Vorstädten von Paris zu mobilisieren.

Die Zentralgewalt der Monarchie, verkörpert im Kabinett des Königs, ist endgültig zerstört. Zwar holt der König nach dem 14. Juli noch einmal den – überschätzten – Schweizer Finanzminister Necker, den Liebling der Massen, zurück. Zugleich erscheint als Zeichen der Versöhnung die Tricolore, das königlich-bourbonische Weiß, eingerahmt von dem Blau und Rot der Stadtfarben von Paris und – noch – Sinnbild für die nationale Einheit.

Wie hat Olympe diese Tage verbracht? Sie hat sich, so schreibt sie, von einem »Liebhaber« drängen lassen, von Paris nach Versailles zu ziehen, wo für einige Wochen die politische Musik spielt. Und wo die ist, ist bekanntlich auch sie. Man kennt ihre neue Adresse: Pavillon de Sigoll, Boulevard du Roi 4. Als im Hôtel des Menues plaisirs am 5. Mai die Generalstände eröffnet werden, beobachtet auch Olympe von einer Loge aus den Aufmarsch der Deputierten. Sogleich schreibt sie, Pariserin, die sie nun schon seit Jahrzehnten ist, an den – wie sie glaubt – unerfahrenen Vertreter ihrer Heimatstadt, Poncet-Delpech, und lädt ihn ein, von ihren Erfahrungen zu profitieren.

Es ist die Zeit, in der sie Broschüren mit Auflagen von tausend oder zweitausend Exemplaren in Paris und Versailles auf den Markt wirft. Sie tragen Titel wie ›Der Ruf der Weisen, von einer Frau‹, ›Um das Vaterland zu retten‹ und ähnliches. Sie schreibt und schreibt, schreibt hastig, auch unkonzentriert, so wie es jemandem in den Sinn kommt, der seine Schriften diktiert – und sie kaum noch redigiert. Doch sie fängt sich wieder, ihr gesunder Menschenverstand schlägt in dieser Konfusion durch. Denen, die ihr raten, sie solle sich etwas zurückhalten, antwortet sie: »Die Besserwisser des Hofes halten mich für tollkühn und meinen, ich solle besser Liebe als Bücher machen; ich hätte mich an ihren Rat gehalten, wenn sie mich nur überzeugt hätten.«

An Poncet-Delpech also schreibt sie:

»Zur gleichen Zeit, in der Sie, Monsieur, einen Brief von Monsieur de Long (einem anderen Abgeordneten) erhalten, der Ihnen darlegt, daß Sie in Versailles eine Landsmännin mit einer Wohnung haben, die sie Ihnen zur Verfügung stellt, erhalten Sie von eben dieser Landsmännin die Frucht ihrer durchwachten Nächte, ihrer Mühen und ihrer mühsamen Arbeiten.

Sie wissen, Monsieur, daß die Politik und die Philosophie nicht Gegenstände sind, die der Wesensart der Frauen besonders entgegenkommen. Immerhin habe ich mich bemüht, in dieser oder jener Disziplin Erfolg zu haben. Der Patriotismus hat mich tollkühn gemacht. Verteidigen Sie nicht nur mein Geschlecht, sondern werden Sie zum Schutz und Schirm Ihrer Provinz; beweisen Sie, daß die kleine Stadt Montauban große Männer hervorgebracht hat und auch einige Frauen von Ruf.

Guten Tag, meine liebe Heimat. Ich kenne Sie nur vom Hörensagen. Aber dieses Hörensagen spricht für Sie; so brenne ich darauf, Sie kennenzulernen.

Ich bin mit den Gefühlen einer guten Landsmännin

Ihre sehr bescheidene Dienerin De Gouze.«

Einen Tag später schreibt sie Poncet-Delpech noch einmal und lädt ihn zu sich ein mit dem Versprechen, ihm ihre neueste literarische Produktion zu zeigen: »Der Dritte Stand wird Bravo schreien! Die Aristokratie wird ihr Maul verziehen, die Geistlichkeit wird ein Kreuz schlagen und ganz leise fluchen. Aber zuletzt wird sie Weihwasser sprengen, und alles wird gut sein. Amen. De Gouges.«

Man weiß nicht, ob der »Landsmann« auf die so freundliche Aufforderung Olympes zustimmend geantwortet hat. In seinen ›Erinnerungen‹ äußert er sich jedenfalls ziemlich zurückhaltend zu ihrem Tode. Doch das war 1793, und da war jede positive Meinungsäußerung zu einer Person, die gerade unter dem Fallbeil gestorben war, äußerst gefährlich. Wie auch immer, dies ist eine der wenigen Gelegenheiten, bei denen sie wieder in Beziehung zu ihrem Heimatort tritt. Dann widmet sie sich erneut ihrer politisch-literarischen Produktion, ergeht sich wieder in den literarischen Zirkeln von Paris, frequentiert die Parlamentsbänke – und vergißt erst einmal ihre Freunde aus der Provinz.

Die Revolution der Frauen

Die Frauen schrieben ein eigenes Kapitel in der Französischen Revolution. Dennoch sahen sie im Verlauf und am Ende dieses großen geschichtlichen Ereignisses ihre Hoffnungen nicht im mindesten erfüllt.

»Eine Frau ist nur in ihrer Familie und ihrem Haushalt am rechten Platz. Von allem, was außerhalb ihres Heimes passiert, braucht sie nur das zu wissen, was ihre Eltern oder ihr Ehemann für richtig halten, ihr mitzuteilen.« So formulierte beispielsweise Louis-Marie Prudhomme, ein revolutionärer Pamphletist, im Jahre 1791, und diese Haltung Frauen gegenüber wurde später in tausendfacher Wiederholung eingenommen. Die »Privatisierung« der Frauen wurde auch in den folgenden Jahren von den Männern zu einem Glaubensbekenntnis erhoben – denn damit entschärften sie die Frauenfrage –, und so war die Revolution in ihren Ergebnissen für die Frauen eine einzige Enttäuschung.

Die Vorstellung, daß die Frau keine Revolution wollen könne, ist zwar eine absurde Schutzbehauptung der Männer; gleichwohl hatte sie im 18. Jahrhundert insoweit einen realen Kern, als es tatsächlich unmöglich war, sich die Frau als ein revolutionäres Subjekt vorzustellen. Schließlich war es bis dahin nicht gelungen, sie anders als ein Wesen zu definieren, mit dem sich die Politik nur treuhänderisch zu befassen hatte. So treten die Frauen zwar zu Beginn der Revolution hoffnungsvoll auf; sie verschwinden aber danach immer mehr aus dem Gesichtsfeld der Politik und des öffentlichen Rechts.

Schon die Gesetze von 1789 haben die Männer erneut als einzig Erbberechtigte eingesetzt. 1793 werden sämtliche Frauenvereine verboten, und seit dem 23. Mai 1795 sind die Männer in der Politik wieder ganz unter sich, da ein Gesetz bestimmt, daß die Frauen an keiner politischen Vertretung beteiligt sein dürfen. Wenn die Frauen also auf den Tribünen der Parlamente und Politischen Clubs sitzen, dann vor allem deshalb, weil es das einzige ist, was sie politisch überhaupt dürfen.

Am Ende seines Buches über ›Die Frauen der Revolution‹ schreibt Jules Michelet, der mit diesem Werk als erster den Anteil der Frauen an der Revolution der Vergessenheit entriß, es sei der Hauptfehler seines Buches, daß es seinen Titel nicht erfülle: »Es handelt nicht von den ›Frauen der Revolution‹, sondern von einigen Heldinnen, von einigen mehr oder weniger berühmten Frauen. Es spricht von besonders ins Auge stechenden Tugenden. Unendlich viele heimliche Opfer wurden gebracht, die um so verdienstvoller sind, als kein Ruhm von ihnen kündet.« Man kann lange über Geschichte »von unten« oder »von oben« streiten, über die Geschichte der Individuen oder der Gesellschaft, der Mächtigen oder der Schwachen, richtig ist, daß sowohl *die* Frauen im allgemeinen wie auch einzelne unter ihnen im besonderen ihren definierbaren Part in der Revolution gespielt haben.

Was, nebenbei bemerkt, das Manko anbelangt, von dem Michelet spricht, so ist dies vielleicht seine einzige Rechtfertigung. Was er nämlich in seinen ›Porträts‹ von Frauen der Revolution an gleichsam »ewiger« Psychologie des schwachen Geschlechts von sich gibt, ist derart hanebüchen, daß man sich fragt, ob der liberale Historiker dies zum Lob der Frau geschrieben hat oder ob es eine besonders perfide, da versteckte Form ihrer Abwertung ist.

Weil aber Olympes Geschichte auch die Geschichte der weiblichen Projektion in männlichen Köpfen ist, kann man nicht umhin, sich kurz auch mit Michelet zu beschäftigen, der für lange Zeit das Bild der Frau in der Revolution geprägt hat. Zum Beispiel fordert er zum Kampf gegen die Todesstrafe für Frauen auf. Doch dies nicht etwa aus Gründen universaler Humanität, sondern um die Frauen auszugrenzen. »Sie sind sehr verantwortlich, und sie sind nicht strafbar«, so lautet seine verworrene Argumentation. »Während der ganzen Revolution neigen sie zur Gewalttat, sind sie intrigant und sehr oft schuldiger als die Männer. Aber wenn man sie schlägt, schlägt man sich selbst.« In dieser Art geht es weiter. Im öffentlichen Leben hält Michelet die Frauen für überflüssig, aber: »Was soll man tun? Es ist nicht unsere Schuld, daß die Natur sie zwar nicht, wie man behauptet, schwach, aber statt dessen anfällig macht und zeitweise krank; daß sie ebensosehr der Natur unterworfen sind wie selbständige Menschen, daß sie abhängig sind vom Lauf der Gestirne und durch ihre Unpäßlichkeiten von manchen bedeutsamen Funktionen des politischen Lebens ausgeschlossen. Gleichwohl haben sie hier oft einen ungeheuren und bis heute meistens verhängnisvollen Einfluß.« Hätte er Condorcet gelesen, hätte er das nicht zu schreiben gewagt, denn dieser hatte schon 1790 gemeint, man könne Frauen nicht wegen ihrer Schwangerschaften oder wegen ihrer »Unpäßlichkeiten« vom Wahlrecht ausschließen: »Man hat noch nie gehört, daß man Leute davon ausschließen will, die Gicht haben oder sich leicht erkälten.« Die Folgerung, auf die nicht nur Olympe de Gouges kommt – man müsse möglicherweise mehr für die allgemeine Bildung der Frauen tun, damit sie die ihr gegebene Intelligenz besser einsetzen, die Dinge des politischen Lebens realitätsgerechter einschätzen können –, hat Michelet – sein Buch erschien 1857 – niemals gezogen.

Olympe jedoch kennt den Wert dessen, was man Bildung nennt. Schließlich hat sie zeit ihres Lebens um Anerkennung auch als ein eigenständiges, mit Geistesgaben versehenes Wesen gerungen. In kaum einer ihrer Schriften versäumt sie es, auf die »Spezialität« des Autors, eine Frau zu sein, hinzuweisen. Mit zweierlei Tricks versucht sie, das Wohlwollen der – natürlich meist männlichen – Leser zu gewinnen, zumindest aber deren Aufmerksamkeit zu erregen. Dies ist kein Steckenpferd, das sie reitet. Es ist schlichtweg notwendig, zuerst einmal den geneigten Leser davon zu überzeugen, daß er es mit einer ernstzunehmenden Autorin zu tun habe. Entweder macht sie sich deshalb kleiner und bescheidener, als sie in Wirklichkeit ist, oder aber sie erwähnt – als Einleitung – immer wieder die Tatsache, daß sie eine Frau und damit sozusagen nicht satisfaktionsfähig ist. Offensichtlich muß sie solche Kunstgriffe anwenden, um überhaupt Beachtung zu finden. Doch sie hat auch Erfolge: Mirabeau hat ihr Kränze geflochten. Die einflußreichen Girondisten Pétion – »Ihre Broschüre ist mit Wärme, mit Energie geschrieben, es gibt in ihr Passagen, die ich mit großem Vergnügen gelesen habe« – und Manuel, der Prokurator der Commune, spenden ihr Beifall. Sonst allerdings verhalten sich die Politiker, wie später Michelet, wie vor ihm die meisten Aufklärer und die Linken der Revolution, indem sie möglichst viel vom Recht der Frauen reden, aber möglichst wenig davon umsetzen, indem sie sie als Individuum immer schonend behandeln, sie in der Politik aber als Störfaktor einstufen.

Es war eine Art »levée en masse« – der Ausdruck selbst kam erst später auf – der Pariser Frauen, die am 6. Oktober 1789 zum Umzug des Hofes von Versailles nach Paris führte. »Wir bringen den Bäcker, die Bäckerin, den Bäkkerjungen«, hatten die Frauen gerufen, die Hoffnung auf Brot mehr im Kopf als die Hoffnung auf Freiheit; schon Ende April 1789 waren die Bewohner des Faubourg St. Antoine wegen der Brotpreise auf die Straße gegangen. Des weiteren waren sie im August 1790 an dem

Gemetzel auf dem Marsfeld, der Scheidelinie, wo sich die »linken« von den »rechten« Patrioten, die Royalisten von den »Republikanern« trennten, ebenso beteiligt wie die Männer. Es war die Journalistin Madame Robert, ehemals Mademoiselle Kérilo, die ihrem Mann, einem dikken, biederen Cordelier, die Feder für die berühmte Petition führte, in der gefordert wurde, daß weder Ludwig XVI. noch ein anderer König jemals wieder vom Volke anerkannt werden dürfe. Hier tritt in einem historischen Moment eine einzelne Frau in Erscheinung. *Dabei* waren sie immer, die Frauen, in den Augenblicken, in denen die Entscheidungen der Revolution fielen, mehr applaudierend als handelnd meist, mehr antreibend als ausführend, aber immer präsent.

Worin unterscheidet sich nun Olympe de Gouges von anderen herausragenden Frauengestalten der Französischen Revolution? Spielt sie eine bestimmte Rolle, die nur sie *so* spielen konnte? Schließlich hat die Revolution auch die Namen anderer aufbewahrt, den der Théroigne de Méricourt und den der Claire »Rose« Lacombe zum Beispiel, auch den der Baronin d'Aelders, den der Charlotte Corday ebenso wie den von Madame Roland, ganz zu schweigen von Lucile Desmoulins und der blutjungen zweiten Frau Dantons.

Läßt man diese Namen Revue passieren, dann ist es interessant, mit welchen Ereignissen sie verbunden werden. Es zeigt sich dabei nämlich nicht so sehr die unterschiedliche Bedeutung ihrer Trägerinnen – wer will in solch bewegten Zeiten schon persönliche Bedeutung messen –, wohl aber deren unterschiedliches Profil.

Wie etwa unterscheidet sich Olympe von Théroigne de Méricourt, die – heute umstritten – am 6. Oktober 1789 die Königsfamilie nach Paris holt, indem sie das flandrische Regiment entwaffnet und es in die Revolution eingliedert, die als eine der ersten mit dem Säbel in der Hand am 10. April 1791 in die Tuilerien eindringt und den König ins Gefängnis schickt? Sicherlich hat Olympe nie eine Waffe in der Hand gehabt; sie war gegen jede Art von Krieg. Vergleicht man sie mit Théroigne, so lassen sich am ehesten Ähnlichkeiten in der Herkunft feststellen: Beide verkörpern in der französischen Frauenemanzipation – sofern man diesen heutigen Begriff gebrauchen will – die erste Strömung, die der »Demi-Mondänen«. Théroigne kam wie Olympe aus einem Grenzbereich der französischen Kultur, aus Belgien, und hatte sich, 1753 geboren, auf das Pariser Leben eingelassen. Sie hielt einen Salon, in dem Männer wie der Abbé Sieyès verkehrten. Allerdings, so Michelet: »In Frankreich richteten sich ihre Leidenschaften (wie schon in England) auf solche Männer, die der Liebe abgeneigt waren.« Das kann man von Olympe sicher nicht sagen, wohl aber, daß sie wie Théroigne eine schöne Frau war, dunkel, geistvoll, mit blitzenden Augen. Nichts bei beiden vom Bild der Megäre, des Mannweibes. Théroigne gehörte zu den wenigen Frauen, die in den Sitzungen der Cordeliers, die den linken Flügel der Nationalversammlung stellten, das Wort ergriffen. Von Olympe wird das nur behauptet. Théroigne forderte Waffen für die Frauen und organisierte sie. Sicher, auch Olympe hatte einmal eine Frauenbrigade im Auge – doch vor allem deshalb, um die Königin zu schützen. Wie Olympe brach Théroigne – von Beginn an radikaler als Olympe – im Frühjahr 1793 mit den Linken. Als man sie als Frau demütigte, sie auf der Straße körperlich züchtigte, verfiel sie dem Wahnsinn. Die Hälfte ihres Lebens – von 1793 bis zu ihrem Tode 1817 – verbrachte sie danach in einer Zelle für Geisteskranke.

Wie ist es mit der Schauspielerin Claire »Rose« Lacombe, der Urheberin des radikalen Clubs revolutionärer republikanischer Frauen, dessen Gründung – man weiß nicht warum – Olympe sich bei ihrer Vernehmung vor dem Revolutionstribunal im Oktober 1793 zuschrieb? Nur aufgrund dieser beiläufigen Bemerkung hat ihr die

Geschichte das Image eines »Tribunen im Rock«, einer »Hysterikerin und Blutdürstigen«, einer »wild Bewegten und Verrückten« zugeschrieben. Gerade das war sie nicht. Radikal war sie vielleicht in ihrem Kampf für die Rechte der Frauen; in ihren politischen Ansichten jedoch war sie die Gemäßigtste von allen. Das zeichnet sie sogar vor allen anderen aus. Das Bild der radikalen Amazone paßt eher auf Rose Lacombe. Sie war hübsch, von Beruf Schauspielerin, und sie ist die jüngste von denen, die hier vorzustellen sind. Geboren ist sie im Jahr 1765; bei Ausbruch der Revolution war sie wohl in Marseille, später in Lyon, noch 1792 gibt es von ihr Nachrichten aus Toulon.

Das heißt: Sie hat die frühe Entwicklung in Paris – anders als Olympe und Théroigne – gar nicht beeinflussen können. Das ist wohl der Grund, warum sie dort 1792 mit großem Aplomb auftaucht, dann ebenso schnell wieder verschwindet. Politisch ist sie das Gegenstück zu Olympe. Schon in ihrer ersten Eingabe an die Legislative im Juli 1792 stellt sie klar, wohin sie gehört: »Könnt Ihr, Gesetzgeber, an der Spitze unserer Armeen weiterhin diesen perfiden Catilina-Lafayette behalten, der entschuldbar allein in den Augen derjenigen ist, deren infame Pläne er gefördert hat?« – Lafayette ist eines der großen Vorbilder Olympes.

Am 10. August 1792 ist es Rose Lacombe, die den Sturm auf die Tuilerien mit anführt. Dafür verleihen ihr die Abgeordneten eine »Bürgerkrone«. Seit dieser Zeit ist sie berühmt – und sie bleibt radikal. Sie ist es, die nach dem Verrat des Generals Dumouriez den Vorschlag macht, sämtliche Aristokraten von Paris samt ihren Familien als Geiseln einzusperren. Im Mai 1793, zu Beginn des Terreur, gründet sie mit anderen jene Gesellschaft der revolutionären republikanischen Bürgerinnen, die bald zum Schrecken der Girondisten und aller Gemäßigten wird: Schon wenige Tage später, am 19. Mai, unterstützen sie eine Petition, in der es heißt, alle »Verdächtigen«

sollten verhaftet werden; in allen Departements und in allen Sektionen von Paris seien Revolutionstribunale zu errichten; die Girondisten seien als Konterrevolutionäre vor Gericht zu stellen, und ebenso seien alle, die sich an Geldwechselgeschäften beteiligten, zu beseitigen.

Lassen wir es dabei bewenden: Claire »Rose« Lacombe stand jedenfalls auf der anderen Seite des politischen Spektrums; von Olympe zu ihr führte kein Weg. In die Reihe der schillernden Frauenfiguren der Revolution gehört auch noch die 1743 in Groningen in den Niederlanden geborene Etta Lubina Johanna Desista Palm, nach ihrem Mann Baronin d'Aelders genannt, Gründerin der Frauengesellschaft Freundinnen der Wahrheit.

Alle diese Frauen, Olympe eingeschlossen, verbindet, daß sie durchwegs hübsch, aufgeklärt, intelligent waren, daß sie aber alle geographisch oder sozial von der Peripherie der französischen Gesellschaft herkommen: die Okzitanierin, die Belgierin, die Holländerin, die Südfranzösin, auch: die Kurtisane, die Schauspielerin, die Abenteurerin. Sie alle hatten es leichter als – sagen wir – Madame Roland, sich von den Fesseln der bürgerlichen Wohlanständigkeit zu befreien, brauchten nur wenig darauf zu geben, was das juste milieu – den Begriff gab es damals noch nicht – von ihnen hielt. Sie alle hatten etwas zu gewinnen an Freiheit, an Prestige, an selbsterarbeitetem Einfluß. Sie alle sind gescheitert, alle auf verschiedene Weise. Aber drei von ihnen verlöschen, verschwinden von der Bildfläche: Théroigne wird wahnsinnig. Claire verliert Ende 1793 ihre »Existenzgrundlage«, weil die Linken jede Art von Frauenvereinen verbieten. Sie tanzte wirklich nur einen Sommer. Die Baronin d'Aelders verläßt Frankreich, als ihr der Boden zu heiß wird. Nur Olympe hat, ebenso wie die aus einem ganz anderen Milieu stammende Madame Roland, noch mit ihrem Tode den großen Auftritt.

Und dann gibt es noch die Ausnahmeerscheinung

Charlotte Corday, diese junge Frau von adeliger Herkunft, fünfundzwanzig Jahre alt, die von Caën aus aufbricht, um Marat zu ermorden, den sie für den Anstifter allen Übels hält. »Um Blutvergießen zu verhüten, beschloß sie, den Dolch zu führen«, heißt es. Es ist ein Motiv, das man auch bei der auf Ausgleich der Gegensätze bedachten Olympe finden könnte – das Motiv, doch nicht die Mittel. In ihrem Prozeß wird Charlotte gefragt: »Wer hat Ihnen soviel Haß eingeflößt?« – »Ich brauche den Haß der anderen nicht«, hat sie geantwortet, »ich habe an meinem eigenen genug.« Charlotte Corday ist und bleibt eine Einzelgängerin. Insofern ist sie Olympe verwandt. Aber sie hat nichts von der manchmal ebenso unbedachten wie mitreißenden Glut der Montalbanesin; sie hortet ihren kalten Haß, bis er zur Tat reift – und sie hat nicht das Bedürfnis, diese Tat und deren Motive immer wieder in Worte zu fassen. Sie hat nicht das Prestigebedürfnis, das Olympe verzehrt: Sie ist sich selbst genug. Niemand kann ihr einreden, daß sie falsch gehandelt habe. Es berührt noch heute, wenn sie vor der Hinrichtung an ihren Vater schreibt: »Verzeihen Sie, lieber Vater, daß ich über meine Existenz ohne Ihre Erlaubnis verfügt habe.« Deshalb auch kein Wort der Selbstrechtfertigung.

Es fällt auf, daß mit all diesen Frauen eine bestimmte Tat verbunden war: mit Théroigne die Heimholung des Königs nach Paris, mit Claire Lacombe die Gründung des radikalsten aller Frauenvereine, mit Charlotte Corday die Ermordung Marats, mit Olympe die ›Erklärung der Frauenrechte‹. Nur bei ihr ist es eine literarische Tat.

Keine der anderen kann man wie sie eine Publizistin, eine Autorin nennen – eine Autorin allerdings, die mit ihrem Beruf kein Geld verdient, sondern die im Gegenteil ihr ganzes Geld in diesen Beruf steckt. Auf keine hat sie sich ernsthaft eingelassen. Seite an Seite hat sie zusammen mit Etta Palm und Théroigne beim Fest des 14. Juli 1792 paradiert; eine Niederschrift des Clubs der revolutionären Republikanerinnen verzeichnet einmal eine Olympe, aber man kann sich kaum vorstellen, daß es Olympe de Gouges gewesen ist; Madame Roland und sie konnten keinen Geschmack aneinander finden.

Von allen ihren »Kolleginnen« unterscheidet sich Olympe dadurch, daß sie besser als jene die Bedeutung dessen erkennt, was schon damals die »öffentliche Meinung« genannt wird. Heute ist es für jedermann erkennbar, daß die Französische Revolution auch eine Revolution der Propaganda- und Informationsinstrumente war. Schon in den ersten Monaten des Jahres 1789 werden siebzehn, im Juli neunundzwanzig, im August sechsundzwanzig und im September neunzehn Zeitungen gegründet. Einige erreichen Auflagen bis zu zweihunderttausend Exemplaren. Kaum ein Politiker, der sich nicht sein eigenes Sprachrohr leistet: Brissot zum Beispiel ›Le Patriote Français‹, Marat ›L'Ami du Peuple‹, Mercier die ›Annales Patriotiques‹. Olympe jedoch profitiert nur in beschränktem Maße von den erweiterten Informationsmöglichkeiten. Man schreibt *über* sie, so wird sie bekannt. Ab und an gelingt es ihr, einen Text in einer der ihr nahestehenden Zeitungen zu lancieren. So läßt sich ihre Spur in den Zeitungen verfolgen. Aber sie gehört keiner der parlamentarischen Gruppierungen, keinem der politischen Clubs an. Sie bleibt Außenseiterin in jeder Beziehung. Das, was in ihren Privatdrucken als ein Übermaß an Publikationsbedürfnis erscheint, ist im letzten nichts anderes als die Antwort auf die Aversionen der männlich dominierten Blätter, die den Frauen bestenfalls wohlwollend auf die Schultern klopfen. Übrigens hat Olympe versucht, ein eigenes Blatt zu gründen, das – soviel Einsicht! – den Titel ›Der Ungeduldige‹ (›L'Impatient‹) tragen sollte, später, als sie den offiziellen Antrag stellte, den gesetzteren Titel ›Zeitung des Volkes‹ (›Journal du Peuple‹). Noch herrschte aber die Zensur, und als sie nach dem Sturm auf die Bastille abgeschafft wurde, hatte Olympe anscheinend die Lust an dem Projekt verloren. Sie kommt nie mehr darauf zurück.

Es ist die zu ihrer Zeit von vielen als unbequem, zuweilen als lächerlich empfundene Größe von Olympe, daß sie, auf welchem Gebiet auch immer, den Hindernissen trotzte, die man ihr in den Weg zu legen versuchte, daß sie diese Hindernisse auf eine Art umging, die mindestens soviel Erfindungskraft verlangte wie das Schreiben selbst. Die öffentliche Meinung der Zeit allerdings reagierte anders, als man es heute gerne sehen würde. Es kristallisierte sich gegenüber der Unbequemen eine Einstellung heraus, die ihr Aufbegehren, ihre Weigerung, sich einzugliedern, als Krankheitssymptome interpretierte. Viele ihrer Zeigenossen empfinden sie – die zahlreichen Erinnerungen belegen das – in ihrer politisch aktiven Phase als anmaßend bis nervtötend.

Eine ›medico-psychologische Studie‹ aus dem Jahre 1904 faßt die Diskussion eines gesamten Jahrhunderts zusammen: »Olympe de Gouges litt an Wahnvorstellungen mit einer Neigung zur Systematisierung, wie sie bei einigen Autoren unter der Bezeichnung ›paranoider Wahnsinn‹ (paranoia reformatoria) beschrieben worden sind.« Damit, so meinte man, könne man das revolutionäre Kapitel, das von ihr handelt, endgültig beschließen.

Geselligkeit im revolutionären Frankreich

Was macht Olympe in diesen Jahren, bevor der Terror sie verschlingt? Sie schreibt und publiziert unentwegt. Zuerst pflegt sie noch ihr dramatisches Hobby. Nach der ›Sklaverei der Neger‹ wird im April 1790 der ›Abschied von Herrn Necker‹ in Paris aufgeführt, schließlich, im Oktober 1793, ›Das Kloster oder die erzwungenen Wünsche‹. Dies ist das zweite ihrer sozialkritischen Theaterstücke und handelt von einem jungen Mädchen, dem ein

Keuschheitsgelübde abverlangt wird, um dadurch die Angehörigen von ihrer Sorgepflicht zu entbinden.

Sie schreibt und publiziert nicht nur im ersten Revolutionsjahr. Was soll eine Frau, der jede aktive politische Betätigung verwehrt bleibt, auch anderes tun? Mehr und mehr wird sie von den Tagesereignissen gefangengenommen. Sie bedient sich zweier Publikationsformen: zum einen der Form von Pamphleten und Broschüren, zum anderen der Form von Wandanschlägen. (Die Bilder der Zeit beweisen, daß sie darin nicht die einzige ist.) Neben ihren ›Gesammelten Werken‹ weist der Katalog der Pariser Nationalbibliothek mehr als fünfzig Einzeltitel unterschiedlichster Art und unterschiedlichsten Umfangs auf. Das geht vom vierseitigen ›Arrêt de mort que présente Olympe de Gouges contre Louis Capet‹ (›Todesurteil von Olympe de Gouges, gegen Louis Capet vorgebracht‹) über die sechsundzwanzigseitige ›Adresse aux représentants de la Nation‹ (›Denkschrift an die Repräsentanten der Nation‹) bis hin zum zweibändigen ›Prince philosophe. Conte oriental‹ (›Der philosophische Prinz. Eine orientalische Erzählung‹), fünfhundertsiebenundzwanzig Seiten dick. Dort tritt übrigens eine emanzipierte Königin namens Idémée auf, der sie wieder einmal den eigenen Ehrgeiz auf den Leib schreibt: »Sie schuf sich eine Art höchster Macht, die so unter den Frauen bisher unbekannt war: Sie wollte diesem immer schwachen, schüchternen und in seinen Neigungen ständig beeinträchtigten, von den Ehren wie den Lastern ausgeschlossenen, von den stärksten Gesetzen unterdrückten Geschlecht endlich zu dessen Aufschwung verhelfen. Sie suchte die Möglichkeiten, es aus seinem Zustand der Indolenz und Faulheit herauszuheben, der die Frauen immer wieder in die schmachvollsten Querlagen bringt.«

Als Olympe erkennt, daß sie mit ihren selbstfinanzierten Broschüren nicht immer die Breitenwirkung erzielt, die sie anstrebt, und wohl auch, weil sie den Eindruck bekommt, daß ihre »Privatzeitungen« auf diese Weise allzu umständlich an die Öffentlichkeit kommen, geht sie dazu über, ihre Angriffe und Ansichten auf Wandzeitungen zu verbreiten. Es ist eines dieser Plakate, ›Die drei Urnen‹, das am 20. Juli 1793 zu ihrer Verhaftung führt.

In den ersten Jahren der Revolution sitzt sie, wie andere interessierte Frauen auch, auf den Tribünen der Nationalversammlung und hört den Reden zu. Sie habe sogar, so wird gesagt, zuweilen selbst das Wort ergriffen und dabei keine schlechte Figur gemacht. In der Frühzeit der Revolution muß das immerhin noch möglich gewesen sein. Allerdings gibt es dafür keine präzisen Hinweise.

Noch immer herrscht nicht nur ein reges politisches Leben, auch die Geselligkeit blüht. Salons und Gesellschaften sind neben den politischen Clubs weiterhin zahlreich vorhanden und voller Leben. Olympe hat sicherlich viele von ihnen frequentiert. Sie erscheint bei Fanny de Beauharnais, jetzt die Geliebte ihres ehemaligen Freundes Cubières. Sie kennt Dumouriez, damals Minister, dessen Verrat schließlich auch für ihren Tod 1793 verantwortlich ist; sie sieht Rivarol, den boshaften Konservativen, der wiederum von ihrem alten Freund La Harpe geschrieben hat: »Er ist ein Mann, der sich seiner Fehler bedient, um seine Laster zu verbergen.« Mercier ist wie immer dabei und auch der immens reiche deutsche Baron Anacharsis Cloots, einer der Vertreter des extremen linken Flügels. Ob sie sich bei Sophie Condorcet, der zarten Frau des großen Naturwissenschaftlers und Aufklärers einfand, weiß man nicht. Möglich wäre es. Und sicher hat sie Benjamin Franklin gekannt, den amerikanischen Sonderbotschafter, und wohl auch Thomas Paine. Denn es kommt nicht von ungefähr, daß sie 1791 eine Schrift ›An den amerikanischen Champion‹ geschrieben hat.

Überall schießen noch weitere Vereinigungen und Clubs aus dem Boden. Es gibt den Club 1789, den Club der Unparteiischen, den Monarchischen Club; seit Oktober 1789 so berühmt gewordene wie den Club der Jakobiner, den Club der Cordeliers und viele andere. Châteaubriand hat von dieser frühen Zeit der Revolution geschrieben: »An allen Ecken und Enden fand man in Paris literarische Zirkel, politische Clubs und bemerkenswerte Gesellschaften; Männer, die bald berühmt werden sollten, irrten noch namenlos durch die Menge wie die Seelen im Lethefluß, bevor das Licht sie getroffen hat.«

Im Januar 1790 installiert sich auch ein Club der Revolution im Pantheon. An dem dortigen Clubleben scheint Olympe nicht unbedeutenden Anteil genommen zu haben. Es ist einer der wenigen Clubs, in dem Frauen zugelassen sind. Denn die meisten sind weiterhin nur Männern vorbehalten. Der sarkastische, weit rechts von Olympe stehende Rivarol schreibt amüsiert und amüsant von dieser Vereinigung: »Von diesem Brennpunkt aus wird sich das geheiligte Feuer ausbreiten, das die zwei Welten zum Erleuchten bringt. Madame de Gouges, bekannt geworden durch ihren Schiffbruch (eine Anspielung auf den Theaterskandal mit der ›Sklaverei der Neger‹, den sie gerade überstanden hatte), wird die Priesterin sein, der die Überwachung des heiligen Feuers anvertraut ist.« Fünfhundert Männer sollen bei dieser Veranstaltung zugegen gewesen sein. »Eine gleich große Anzahl weiblichen Geschlechts, die begeistertsten Liebhaberinnen der Menschenrechte sind würdig befunden worden, in die Gesellschaft aufgenommen zu werden, und Mademoiselle de Méricourt ist zur Präsidentin ihrer Mitbürgerinnen ernannt worden ... Ein Einzug von vier Quadrillen auf die Melodie der Wilden hat den Ball eröffnet. Das Menuett des Hofes ist auf die Ouvertüre gefolgt ... Ein Pas de quatre ist dann durch vier Springer mit großer Leichtigkeit ausgeführt worden. Der eine, als königlicher Tiger gewandet, war unter der Maske aus Pariser Schmutz als der Graf Mirabeau zu identifizieren, der zweite, als wandernder Jude gekleidet, war Monsieur Brissot de Marville (später einer der berühmtesten Girondisten), Madame de Gouges, als junge Inderin verkleidet, und Madame Condorcet, als kindliche Zamora vermummt, komplettierten die Quadrille, die sehr schön nach dem Kongo-Menuett getanzt wurde.« Diese persiflierende Beschreibung eines der gemäßigten Clubs deutet an, in welche geistige Umgebung man Olympe de Gouges zu dieser Zeit projiziert.

Es ist eine Zeit der Begeisterung, der überschäumenden Lebensfreude, der gesprengten Ketten – und Olympe, nun nicht mehr die Jüngste, hält sich an den geistigen Freuden schadlos. Noch kann sie sich nicht vorstellen, daß die revolutionäre Regierung sie eines Tages der Guillotine überantworten wird. »Meine Ahnung«, so spottet sie, »sagt mir, daß ich nicht wie Jeanne d'Arc das heilige Fegefeuer zu befürchten habe; ich hätte vielleicht die nationale Laterne zu fürchten, aber man versichert mir, daß deren ehrbare Funktionen stillgelegt worden sind.«

Sie paßt sich damit dem sarkastischen Ton an, der langsam im Kampf der Fraktionen einreißt, aber es bleibt ihr weiterhin soviel an Lebensfreude, daß sie die Revolution als eine Art permanentes Fest zu retten sucht, als ein Fest vor allem, an dem sich die Frauen maßgeblich beteiligen können. Solche Feste – nicht etwa später der radikale Club der revolutionären republikanischen Bürgerinnen – sind *ihre* Erfindungen. In ihnen sucht sie sich zu verwirklichen. Die theatralische Inszenierung bleibt ihre Domäne in einer Zeit, in der die Welt ein permanentes Wandertheater zu sein scheint, in dem die Helden kommen und gehen. Ihre Beharrlichkeit hilft ihr dabei, aber die minutiöse Organisation ist nicht ihre Stärke, auch ist es vom Erhabenen zum Lächerlichen bei ihr oft nur ein kleiner Schritt. Ihre Stärke ist das In-die-Wege-Leiten, nicht die planvolle Ausführung einer Unternehmung.

So war es auch bei dem Fest, das sie zu Ehren von

Jacques Guillaume Simoneau, dem Bürgermeister von Etampes, initiierte. Dieser Simoneau war am 3. März 1792 auf dem Marktplatz seiner Stadt von hungernden und plündernden Bürgern erschlagen worden, als er versucht hatte, die Getreidevorräte zu schützen. Die Aufstände um diese Zeit – die Krämer erzwingen die Senkung der Zukkerpreise, die Wäscherinnen des Gobelin-Viertels plündern die Läden – sind Vorboten eines neuen Stadiums der Revolution, in dem »das Volk« nicht mehr Staffage für die Aktionen der Politiker ist, sondern die Politiker zu Aktionen zwingt.

Warum ein Fest für Simoneau, diesen unbedeutenden Mann? So ist man geneigt zu fragen. Weil für Olympe der Rechtsstaat höchstes Gut ist. Sie haßt die Willkür und die Anarchie. Doch mit ihrem Vorhaben fordert sie den großen Robespierre auf den Plan. Eine erste Kluft tut sich auf zwischen Olympe und Robespierre, die sie zuletzt den Kopf kosten wird. Denn dieser wendet sich dagegen, dem Bürgermeister posthum einen Ehrenkranz zu verleihen.

Am 20. Mai war Olympe mit einer kleinen Abordnung von Frauen vor der Nationalversammlung erschienen und hatte eine Petition überreicht, in der es nach den Details des Gedenktages heißt: »Erinnern Sie sich, daß es bei den berühmtesten Völkern die Frauen waren, die die Helden krönten ... Öffnen Sie uns die Barrieren der Ehre, und wir werden Ihnen den Weg aller Tugenden zeigen.« Worauf ihr die jakobinischen Révolutions de Paris ins Stammbuch schreiben: »Dies ist das erste Mal, zumindest in Frankreich, daß man Frauen hörte, die sich auf solche Weise an die Männer und insbesondere die Gesetzgeber wandten ... Die Ehre der Frauen besteht darin, in aller Stille die guten Eigenschaften ihres Geschlechtes zu kultivieren, im Schutzmantel ihrer Bescheidenheit und im Schatten ihres zurückgezogenen Lebens. Es steht den Frauen weiterhin nicht an, den Männern den Weg zu weisen ...«

Olympe jedoch läßt nicht locker; sie belagert die Nationalversammlung, die Generäle, die Ministerien, selbst den Hof und besonders die Königin, die damals anderes im Kopf gehabt haben dürfte als dieses patriotische Fest. Ihren Brief, in dem sie die Königin bittet, zweihundert Schleier, Gürtel und Kronen für die Ehrenjungfrauen des Zuges zur Verfügung zu stellen, läßt sie veröffentlichen; in einem anderen schildert sie der Pariser Stadtversammlung ihre Vorstellungen von dem Umzug in allen Einzelheiten: die jungen Mädchen in Weiß, die Frauen mit schwarzem Tüll umhängt und mit Gürteln in den Farben der Tricolore, sie alle geleitet von Schauspielerinnen, Frankreich, die Freiheit und die Gerechtigkeit darstellend. Am 3. Juni dann paradiert sie in einer schließlich doch offiziell als Fest der Gesetze dekredierten Feier, die den Jakobinern gar nicht gefiel.

Es war allerdings diese pseudorömische Sprache, die selbst ihren frühen Fürsprecher Léopold Lacour sagen läßt: »Das Programm (dieses Festes) ist wie das aller dieser patriotischen Feste der Zeit wahrhaft pueril.« Michelet geht noch weiter: »Die Partei Lafayettes trug vor allem zu ihrem (Olympes) Sturz bei, indem sie sie an die Spitze eines antirevolutionären Festes setzte.« Falsch daran ist hier erstens, daß es angeblich ein antirevolutionäres Fest gewesen sei, falsch ist auch, sie im Dienst der Zwekke Lafayettes zu sehen. Um ein Fest zu feiern, bedurfte sie keines Mentors. Was Olympe wünschte, war die Versöhnung des Volkes, war gesellschaftliche Harmonie in Freiheit; es war eine Harmonie, die freilich utopisch anmutet und gerade zu diesem Zeitpunkt zu einem fernen Traum zu verkommen scheint.

Es ist freilich nicht ohne bittere Ironie, daß Olympe schon ein Jahr vor ihrer Hinrichtung den tugendhaften Robespierre durch die Inszenierung eines Festes auf ihre Spur gesetzt hat. Möglicherweise hat er aus Anlaß des Festes der Gesetze zum ersten Mal von ihrer konträren politischen Haltung Kenntnis genommen. So ist die Vermutung erlaubt, daß ihre Gewohnheit, das Leben als Bühne zu begreifen, auf der man agiert, ihr schließlich zum Verhängnis geworden ist.

Die ›Erklärung der Frauenrechte‹

September 1791. Das Chaos der Meinungen in den Clubs und den verschiedenen Flügeln, das Durcheinander der Reden und Schriften beruhigt sich für einen kurzen Augenblick, als am 3. September 1791 die Verfassunggebende Versammlung ihre Beratungen für beendet erklärt und der König eine gemäßigte Verfassung akzeptiert. Sie ist als Konstitution von 1791 bekannt geworden. In diesem Augenblick hat Olympe eine Schrift im Druck, mit deren Text sie in die Geschichte der Menschen- wie der Frauenrechte eingegangen ist. Weil sie dieser Schrift ein Postskriptum angehängt hat, kann man ihre Entstehung genau datieren: »Dieses Werk ist seit einigen Tagen in Arbeit gewesen, seine Herstellung hat sich verzögert ... aber jetzt will ich die Druckpresse anhalten und meiner reinen Freude Ausdruck geben, die mein Herz bei der Nachricht (von der Zustimmung des Königs zur Verfassung) empfunden hat ... Göttliche Vorsehung bewirke es, daß diese offene Freude keine falsche Illusion sei.« Und ein weiteres Indiz: Sie hatte wohl nicht mit einem so schnellen Abschluß der Verhandlungen gerechnet, sonst hätte sie ihre ›Erklärung der Frauenrechte‹ – denn darum handelt es sich – nicht zur Behandlung in »einer der letzten Sitzungen« der Nationalversammlung empfohlen.

In dieser Schrift, der ›Déclaration des Droits de la Femme et de la Citoyenne‹, kristallisiert sich all das heraus, was sie in den zwei Jahren, die ihr in der Zeit der Revolution noch verblieben sind, über das Schicksal der Frauen, deren Benachteiligung und die Mittel und Wege zu einer Besserstellung geschrieben hat. Es ist eine Schrift, die auch die Anerkennung vieler gefunden hat, die ansonsten mit ihr, ihrem Stil und ihren Gedanken nicht einverstanden sind. Man bewundert – nachträglich – die Reinheit des Tones sowie die Kürze, mit der sie ihre Forderungen vorträgt, sicher an der ›Erklärung der Menschenrechte‹ von 1789 geschult, doch nicht von ihr abhängig.

Olympe kämpft für die Rechte der Frauen, aber sie ist keine Feministin. Nie wäre sie auf die Idee gekommen, daß die Welt anders aussehen würde, hätte ein Matriarchat anstelle eines Patriarchats das Weltgeschehen bestimmt. Auch glaubt sie nicht, daß eine friedlichere Welt entstanden wäre, hätten sich die Frauen nur früher des Weltgeschehens angenommen. Weder die Psychoanalyse noch die Soziologie sind »erfunden«; so argumentiert sie anhand dessen, was sie gesehen und erfahren hat, was sie weiß. In dem Postskriptum zu ihrer ›Erklärung der Frauenrechte‹ wird sie deutlich. Sie schreibt hier von dem jahrhundertealten »nächtlichen Imperium der Frauen«, schreibt davon, daß die Frauen stets nur die schlechten, selten die guten Instinkte der Männer geweckt hätten. »Die Frauen haben mehr Schaden angerichtet als Gutes vollbracht. Unterdrückung und Verstellung sind gleichermaßen zu ihrem Erbteil geworden. Was ihnen die Gewalt geraubt hat, hat ihnen ihre Gerissenheit wieder zugebracht; sie haben sich auf alle Schliche ihres Charmes verlassen, und der Tugendhafteste widerstand ihnen nicht. Gift und Dolch, alles war ihnen untertan; sie verstanden sich auf das Verbrechen wie auf die Tugend.«

Nur eines weiß sie auch: Daß es dazu kam, hat seine Ursache in der Ungleichheit der Lebenschancen. Daran hat auch die Revolution nichts geändert; sie hat bestenfalls die Akzente etwas verschoben. Darum bietet sie »ein unschlagbares Mittel an, um die Seele der Frauen stark zu machen. Es besteht darin, sie an allen Tätigkeiten der

Männer teilnehmen zu lassen.« Damit glaubt sie »voll im Trend« – wie man heute sagen würde – zu liegen. Sie glaubt den Moment gekommen, glaubt, daß die Frauen nun endlich bereit seien, für ihre Rechte nicht nur einsichtige Männer streiten zu lassen, sondern für sich selbst zu streiten. »Eine Revolution bahnt sich an«, so meint sie, »die dem Geist wie der Seele der beiden Geschlechter Aufwind verleihen wird; und beide werden in Zukunft um das allgemeine Wohl konkurrieren ...« Und ihren ungewöhnlich kühlen aggressiven Tonfall erklärt sie mit den Worten: »Die Sprache, die ich führe, hätte einstmals meinem Geschlecht merkwürdig geklungen; heute müßte sie ihm eigentlich geläufig sein; die ängstlichen Frauen müssen kühner werden, die aufgeklärten Mütter müssen ihre Töchter ermutigen.« Sie müßten und sollten es! Aber sie setzt auch Fragezeichen. »Meine Mitbürgerinnen, wäre es nicht an der Zeit, daß sich auch in uns eine Revolution vollzieht? Werden die Frauen immer so isoliert bleiben? Werden sie in der Gesellschaft immer nur dadurch aneinander Anteil nehmen, indem sie sich gegenseitig schlechtmachen?«

Der Hintergrund ihrer Schrift – das sind die gesellschaftlichen Bedingungen, unter denen Frauen leben. Es sind übrigens auch Frauenrechte, die nicht wie die amerikanische Bürgerrechtserklärung auf das Land beschränkt sind, in dem sie entstanden. Sie wurden mit dem Anspruch auf Allgemeingültigkeit verfaßt. Unklar bleibt, warum sie gerade im Jahre 1791 auf die Idee kommt, die ›Erklärung der Menschenrechte‹, die ja schon am 26. August 1789, also zwei Jahre zuvor, verabschiedet worden war, auf ihre Weise zu ergänzen. Die Anerkennung der Verfassung durch den König am 3. September jedenfalls kann es nicht gewesen sein; denn sie schreibt ja, sie habe schon Tage zuvor daran gearbeitet. Also war es wohl der Eindruck, daß in diesem Jahr 1791 etwas Definitives geschehen werde, von dem die Frauen ausgeschlossen bleiben sollten. Von Gleichheit konnte schließlich immer noch nicht die Rede sein – die politischen Rechte blieben ihnen weiterhin verwehrt.

Olympe schreibt, sie habe an der Verfassung nicht mitwirken können, allerdings im gleichen Atemzug, sie habe Wichtigeres zu tun gehabt. So scheint diese Erklärung der Frauenrechte gar kein Aufruf an die Gesellschaft, das heißt an die männliche Gesellschaft, zu sein. In Wirklichkeit ist es zunächst eine Erklärung *für* die Frauen und vermutlich sogar *an* die Frauen. Es ist ein Aufruf zur Solidarität, zum gemeinsamen Handeln. Sie weiß natürlich, daß das, was sie da vorschlägt, eine Revolution in der Revolution ist, die nur dann Aussicht auf Erfolg hat, wenn sich andere ihr anschließen. »Diese Revolution«, so schreibt sie, »wird nur dann erfolgreich sein, wenn alle Frauen von ihrem beklagenswerten Los und von dem Verlangen nach Rechten, die sie in der Gesellschaft nie besessen haben, durchdrungen sind.«

Es erscheint verwunderlich, daß sie in einer politischen Situation, in der das Königshaus von Monat zu Monat an Prestige verliert, ihre Schrift ausgerechnet der Königin widmet. Diese Entscheidung wird aber verständlich, wenn man bedenkt, daß sie aus der Gleichheit der Frauen keine Frau ausgrenzen will, auch die Königin nicht. Sie will die Solidarität aller Frauen unterstreichen, eine Gemeinsamkeit der weiblichen Interessen über die Klassen und Stände hinweg.

Dennoch: Die Widmung an die Königin war sicherlich nicht der unbedeutendste Grund dafür, daß ihre Schrift undiskutiert – ebenso freilich wie Condorcets berühmter Aufsatz ›Über die Zulassung der Frauen zum bürgerlichen Recht‹ – in den Archiven der Revolution verschwand. Und: Im letzten waren es eben gerade die sprachlosen Frauen der unteren Stände, die unter ihrer Rechtlosigkeit als unverheiratete Mutter, als sitzengelassene Geliebte, als mittellose Ernährerin, als ungebildetes

Wesen ohne Beruf und damit ohne Zukunft litten. Denn selbst die Frauen des Bürgertums, das zu diesem Zeitpunkt die Revolution noch fest in Händen hielt, nahmen zumindest in ihrem Umkreis soziale Stellungen ein, die sie die Notwendigkeit eines revolutionären Eingriffs in das Verhältnis der Geschlechter durchwegs nicht als dringlich empfinden ließen.

Von den Männern war von dem Augenblick an keine Hilfe mehr zu erwarten, als Olympe diese in ihrer Präambel nicht mehr lediglich um etwas bittet beziehungsweise etwas von ihnen fordert, sondern sie schlichtweg als Usurpatoren von Rechten darstellt, die ihnen nicht zukommen: »Allein der Mann hat sich diese Ausnahme (die Höherstellung gegenüber der Frau) zusammengeschustert. Wunderlich, blind, aufgeblasen von Wissenschaft und degeneriert in diesem Jahrhundert der Aufklärung und des Scharfsinns in der krassesten Unwissenheit, will er als Despot über ein Geschlecht kommandieren, das alle intellektuellen Fähigkeiten in sich vereinigt, das postuliert, in den Genuß der Revolution zu kommen, und das auf seine Gleichheitsrechte Anspruch erhebt – um nicht noch deutlicher zu werden.« Deshalb fordert Olympe, die Frauen sollten sich zur Nationalversammlung erklären, so wie dies der Dritte Stand zwei Jahre früher getan hatte.

Niemals wieder hat sie sich so klar und präzise zu der Problematik geäußert, die ihr vor allen anderen am Herzen lag. Niemals wurde es klarer als im Artikel I, worum es ihr bei ihrem Anliegen in der Sache der Frauen ging und geht. »Die Frau wird frei geboren und bleibt dem Mann an Rechten gleich. Die sozialen Unterschiede können ausschließlich vom gesellschaftlichen Nutzen her begründet werden.« Artikel II: »Das Ziel jeder politischen Vereinigung ist die Bewahrung der natürlichen und unverzichtbaren Rechte der Frau und des Mannes. Diese Rechte sind Freiheit, Eigentum, persönliche Sicherheit und vor allem das Widerstandsrecht gegen Unterdrükkung.« Und endlich der berühmt gewordene Artikel X: »Niemand darf wegen seiner – auch grundsätzlichen – Ansichten behelligt werden. Die Frau hat das Recht, auf das Schaffott zu steigen, sie muß ebenso das Recht haben, auf die Tribünen (der Volksvertretungen) zu steigen, vorausgesetzt, ihre Äußerungen stören nicht die öffentliche Ordnung, so wie sie von Gesetzes wegen vorgesehen ist.«

Die Frauenrechte, wie Olympe sie definiert, schließen auch Pflichten ein. Sie duldet kein Ausnahmerecht, auch nicht im Namen der angeblichen Schwäche der Frauen. Das rechtsstaatliche Prinzip gilt auch für sie. Danach unterstehen sie demselben Gesetz mit denselben Strafen. Sie haben in gleichem Maße zu arbeiten und zu den finanziellen Abgaben an den Staat beizutragen wie die Männer. Deshalb können sie auch zur Armee eingezogen werden. Im Gegenzug sind sie natürlich für alle öffentlichen Ämter und Beschäftigungen wählbar.

Eigene Erfahrungen bringt Olympe in den Artikel ein, in dem es heißt, eine Frau müßte sich, ohne Nachteile befürchten zu müssen, zum Vater ihres Kindes bekennen dürfen. Eigentum, sei es in Gütergemeinschaft oder in Gütertrennung, sei ein unverletzliches Recht. Enteignungen sollten nur bei öffentlich nachgewiesener Notwendigkeit erlaubt sein und verlangten eine Entschädigung.

Diesem eindrucksvollen Katalog – von ihrem ersten Biographen mit der Bemerkung bedacht, dies könne nicht die Sprache einer vulgären Seele sein – schließt sich der Entwurf eines ›Gesellschaftskontraktes zwischen Mann und Frau‹ an, nach dem sich Mann und Frau verbinden sollen »für die Dauer unseres Lebens und für die Dauer unserer gemeinsamen Neigungen«. Solange dieser Idealzustand herrsche, solle Gütergemeinschaft bestehen; danach müsse Gütertrennung zugunsten der Kinder möglich sein, wenn dies von einem der beiden Teile gewünscht werde. Die freie Verbindung wird der Ehe gleichgestellt, denn diese Bestimmungen sollen für alle Kinder gelten, »aus welchem Bett sie immer stammen, und alle Kinder ohne Unterschied haben das Recht, den Namen der Väter und Mütter zu tragen, die sie als die ihren anerkannt haben«. Für den Fall der Trennung wird Güterteilung zu gleichen Teilen bestimmt. Olympe schließt diesem Kontrakt dann noch ein Gesetzesprojekt an, mit dem sie sitzengelassene Frauen schützen will. Und schließlich erneuert sie ihren Vorschlag von 1788, daß Prostituierte in Sperrzonen untergebracht werden sollen. Doch indem sie nahezu alles in ihre Überlegungen einbezieht, überfrachtet sie am Schluß schon wieder den Katalog ihrer Forderungen und beraubt sich eines Teils ihrer Wirkung.

So kühn wie sie ist in diesen Jahren keine ihrer Mitstreiterinnen für die Frauenrechte gewesen. Sie haben sich – wie Théroigne de Méricourt – damit begnügt, die Gleichheit von Bildung und Erziehung zu fordern. Immerhin wird im nächsten Jahr Frauen die zivilrechtliche Gleichstellung gewährt, darunter das Recht auf Scheidung – worauf drei Viertel der Scheidungsanträge von Frauen eingereicht werden. Auch können Frauen von nun an finanzielle Verpflichtungen in eigener Verantwortung eingehen und als Zeugen in Zivilprozessen aussagen.

Was ist politisch von alledem, außer einer Fußnote der Geschichte, geblieben? Nichts. Robespierre, ihr eisiger Feind, hat das Thema des aktiven Wahlrechts ein einziges Mal in der Constituante aufgebracht, dort wurde es fast einstimmig abgelehnt und nicht wieder auf die Tagesordnung gesetzt.

Olympe – klarsichtig vor allem dann, wenn es nicht nur um sie selbst ging – hat die Reaktion vorausgeahnt: »Bei der Lektüre dieser sonderbaren Schrift sehe ich schon die Tartuffes, die prüden Frauen, die Geistlichkeit mit ihrem ganzen infernalischen Gefolge gegen uns aufstehen.« Aber das war es nicht. Die ›Deklaration‹ wurde nicht einmal bekämpft – sie wurde, was schlimmer ist, ignoriert. Sie konnte ignoriert werden, weil sich niemand bereit fand, sie auch nur zu diskutieren, geschweige denn, sie zu vertreten. Daß es die Männer nicht taten, die so vehement angegriffen worden waren, liegt zumindest in der Logik der Sache. Daß es aber gerade die Frauen sind, die sich für aufgeklärt und unabhängig halten, die Olympes Forderungen ablehnen, das entzieht ihrer Argumentation schlichtweg die Grundlage. Was viele der anderen Frauen unter »Unabhängigkeit« verstehen, das berührt ihre geistige Kompetenz, nicht ihr politisches Recht. Noch 1809 vertritt Madame de Staël in ihrem Buch ›Über Deutschland‹ die Meinung: »Man tut gut daran, die Frauen von den öffentlichen und bürgerlichen Rechten auszuschließen; nichts ist ihrer natürlichen Bestimmung entgegengesetzter als alles, was sie in den Zustand konkurrierender Beziehungen zu den Männern brächte.« Und Madame Roland, wie manche meinen »die einzige einflußreiche Frau der Revolution«, begnügte sich ausdrücklich damit, die hintergründige Souffleuse ihres Mannes zu bleiben: »Niemals spürte ich die leiseste Versuchung, eines Tages Schriftstellerin zu werden ... Die Männer haben das nicht gern, und ihr eigenes Geschlecht verstößt sie. Wenn ihre Werke schlecht sind, macht man sich lustig über sie ... Wenn sie gut sind, sind sie nicht von ihr.« Freilich, sich lächerlich zu machen war nicht die Sache von Madame Roland – ob ihre Ratschläge aber alle gut waren, ist zunehmend umstritten. Olympe de Gouges jedenfalls hat auch Lächerlichkeit in Kauf genommen.

Dennoch wird man nach solchen Stimmen zugeben müssen, daß ihr Mißerfolg nicht allein etwas mit der Intoleranz der Männer zu tun hatte, sondern ebenso mit einer Eigenschaft der Frauen, die sie mehrfach beklagte: »Die Frauen wollen Frauen sein und haben keine größeren Feinde als sich selbst. Nur selten sieht man Frauen einer gelungenen Aktion, einem Werk einer Frau applaudieren. Nur eine geringe Zahl denkt so wie die Männer, aber ... unglücklicherweise verbindet sich die größere Zahl ... gedankenlos mit der Partei der Stärkeren ... Liebe Schwestern, wir müßten unter uns nachsichtiger mit unseren Fehlern umgehen, sie uns gegenseitig verbergen und versuchen, zugunsten unseres Geschlechtes konsequenter zu werden.« Als sie starb, waren es Frauen, die am mitleidlosesten ihrem Tod applaudierten.

Immer wieder sei deshalb betont: Olympe kämpfte allein. Sie wird zwar vier Tage nach dem Verbot aller Frauenvereine, am 30. Oktober 1793, guillotiniert. Ihre innere Unabhängigkeit aber hat sie bis zum letzten Tag über alle Fraktionen, Flügel, Kommissionen und Gremien bewahrt.

Liebe und Haß: Philippe Egalité

Es gibt einen Freund in Olympes Leben, der außerhalb aller gesellschaftlichen Kreise, in denen Olympe gewöhnlich verkehrte, steht: Es ist der Herzog Philippe von Orléans. Gerade ihre frühen Biographien, die sozusagen noch unter dem Einfluß des Gesellschaftsklatsches von Vorrevolution und Revolution stehen, haben sie immer wieder in seine Nähe gebracht. Ein Lexikon aus dem Jahre 1800 bemerkt in der gebotenen Kürze, sie habe sich für ihn zerrissen. Und Desessarts ist in seinen ›Berühmten Prozessen‹ von 1799 ebenso eindeutig: »Ihr Held war vor allem der frühere Herzog von Orléans, dessen Popularität und Tugenden sie nicht aufgehört hat zu preisen.« Ganz so eindeutig war es freilich nicht.

Die Beziehung zu dem Vetter des Königs, 1747 geboren, also etwa gleichaltrig mit ihr, bleibt im letzten ein Rätsel. Eindeutig geklärt ist hingegen, daß beide lange Zeit freundschaftlich verbunden waren. Ihm, der schon – wie sein Großvater und Vater – als der reichste Magnat

Frankreichs galt, hat sie 1788 ihre ›Werke‹ gewidmet. Das Vorwort spricht für sich. Zum einen schreibt sie: »Er hatte die Gnade, mir eine Stellung für meinen Sohn zu versprechen«, zum anderen ist die Anspielung auf seine finanziellen Möglichkeiten unüberhörbar: »Die ansehnlichen Gehälter, die Ihr unter die Literaten verteilt, bürgen mir dafür, daß Ihr einer Frau, welche sich der Schreibkunst anheimgegeben hat, zumindest Eure Wertschätzung zeigen werdet.« Doch die Freundschaft muß noch weiter zurückreichen als nur bis zum Jahr 1788. Der Schauspieler Fleury – es sei nur daran erinnert – schrieb ja, daß Olympe der Comédie Française über den Hof des Herzogs bekannt geworden ist. Man glaubt, zwischen 1770 und 1775 habe sie zu seinen Eroberungen gezählt. Daß sie sich 1793 dann dagegen verwahrt, in enger Beziehung zu dem Herzog gestanden zu haben, ja ihn sogar mit großem Haß verfolgt, spricht nicht dagegen, sondern ist im Gegenteil ein Hinweis darauf, daß zu diesem Zeitpunkt mehr in ihr zerbrochen gewesen sein muß als nur die Erinnerung an eines der zahlreichen Abenteuer ihrer Jugend.

Olympes Haltung dem Herzog von Orléans gegenüber ist vielschichtig und komplex, sie ist geprägt von Gefühlsschwankungen. Die Palette reicht von Liebe, so vermutet man jedenfalls, oder Freundschaft zu unerbittlicher Feindschaft und schier unüberwindbarem Haß.

Politisch nimmt sie 1789 noch indirekt Partei für Philippe. Doch damit erregt sie die Aufmerksamkeit und das Mißfallen der Royalisten: 1789 hat der Hof noch handfeste Vertreter, die es der Linie der Orléans übelnehmen, daß sie – zwar insgeheim, aber dennoch erkennbar – die Hand nach dem Thron der Bourbonen ausstreckt. Olympe wird im Oktober 1789 von royalistischen Handlangern in Versailles belästigt, weil sie – den Gang der Geschichte richtig voraussehend – dem König geraten hatte, zugunsten seines Sohnes auf den Thron zu verzichten. Olympes Vorschlag wird von den Royalisten jedoch als die Laune einer Frau interpretiert, die sich damit eigentlich für Philippe, den Vetter des Königs, verwendet. Denn der Erbe des Throns Ludwigs XVI. ist zu dieser Zeit noch minderjährig.

Olympes Freundschaft mit Philippe ist in vielen galanten wie ungalanten Anspielungen dokumentiert. Das royalistische ›Kleine Handbuch großer Menschen‹ sucht sie zu vernichten, indem es sie der Lächerlichkeit preisgibt. Schon damals wurde auch auf der Ebene der Rhetorik mit schweren Säbeln gefochten.

Auch als Bittstellerin tritt sie an den Herzog heran – aus Sorge um ihren vielgeliebten, aber schwachen Sohn, den sie der Fürsorge Philippes empfiehlt. Ebenso aber beschimpft sie diesen öffentlich, als er sein Versprechen nicht zu halten scheint – und lobt dafür den bedeutungslosen Chefminister Calonne, nur weil der sich ihrem Sohn gegenüber erkenntlich gezeigt hat.

Bis zum Jahr 1792 äußert sich Olympe immer wieder positiv zu Philippe Egalité – wie er sich nach seinem Eintritt in die Assemblée Legislative nennen läßt –, macht sie sich für »Philippes Reinheit der Maximen und seine unwandelbaren Prinzipien« stark. Aber schon von 1789 an bis zu ihrem Tod wechselt sie ihre Einstellung zu ihm mehrfach. Einerseits scheint ihre Abneigung ihm gegenüber von Monat zu Monat zuzunehmen. Andererseits ist sie in ihrer ablehnenden Haltung nicht immer konsequent: Herz und Verstand sprechen bei ihr nicht dieselbe Sprache.

Diese Wankelmütigkeit läßt sich anhand einer Schrift vom Dezember 1792 erkennen, aus der hervorgeht, wie sehnsüchtig sie auf ein Zeichen der Achtung von Philippe gewartet hat. Zuvor hatte sie ihn jedoch in dem Vorwort zu ihren ›Politischen Schriften‹ mit Vehemenz angegriffen. – In ihrem ›Letzten Wort an meine lieben Freunde‹

schlägt sie dann ganz andere Töne an: »Jedermann weiß, daß ich die Widersacherin Philippe Egalités bin ... Aber nun erfahre ich von dem Bürger Huguet, Bischof des Departements Creuze, daß Philippe ihm gesagt habe: ›Ich kenne ihren (Olympes) Charakter besser als Sie und stehe für die Reinheit ihres Patriotismus ein.‹ Philippe, wenn auch dein Charakter wankelmütig war, so sage ich dir jetzt doch in aller Freiheit: Ich habe mich, was dich anbetrifft, getäuscht. Die höchste Tugend des Mannes ist es, gerecht gegenüber seinen Feinden zu sein. Du hast sie, sie ist eine deiner Stärken, mit der ich mich immer messen werde. Dies ist ein Widerruf: Er geschehe dir zum Lobe.«

Es sind nicht zuletzt politische Gründe, die sie von einer Parteigängerin Philippes zu seiner unerbittlichen Gegnerin werden lassen. Schon in den Tagen nach den Oktoberereignissen 1789, als Ludwig XVI. und seine Familie gezwungen werden, nach Paris zu ziehen, betrachtet sie seine Umtriebe mit höchstem Mißtrauen. Nicht ohne Grund ist sie der Meinung, daß er es gewesen sei, der den Zug der Bürger von Paris nach Versailles veranlaßt habe. Zudem sieht sie, die eine konstitutionelle Monarchie befürwortet hat, in ihm den eigentlichen Totengräber der Monarchie – einen Totengräber nicht aus innerer Überzeugung, sondern allein um seines Vorteils willen.

Seit aber Ludwig XVI. versucht hat, sich mit der Flucht nach Varennes am 21. Juni 1791 seinem Volk, das heißt seinen Bewachern, zu entziehen und ins Ausland zu entkommen, kann sie sich nicht mehr uneingeschränkt zu der von Ludwig XVI. repräsentierten Monarchie bekennen. Sie hält zu ihm als Person; aber sie will ihn von seinen »Sklavenfrauen« befreien, will eine »Nationalgarde« der Frauen begründen, die die königliche Familie bewachen soll.

Vor allem aber richtet sie ihren Bannstrahl gegen Philippe, den ehemals Verehrten, wenn nicht Geliebten. Ihn verdächtigt sie noch zu einem Zeitpunkt, da es immer gefährlicher wird, ein gutes Wort für die königliche Familie einzulegen – und sei dieses Wort auch noch so distanziert –, die Nationalversammlung reif für eine Auflösung zu machen, indem er Abgeordnete korrumpiere und dadurch eine Machtveränderung vorbereite: »Die Lameth, Le Chapellier, Bernhard Rabeau, Saint Etienne – sie sind heute Zielscheibe des Volkes. Und dieses Volk, in seinem Irrtum gefangen, sieht nicht, woher der Schuß eigentlich stammt. Abscheuliches Palais Royal*, möge das enttäuschte Volk dich eines Tages in Asche legen.«

Philippe scheint Olympes Haß nicht nur persönlich, sondern auch politisch ernstgenommen zu haben. Zumindest schickte er ihr im Oktober 1792 einige seiner Mietlinge, die sie auf den Boden der Tatsachen zurückholen sollten, indem sie ihr öffentlich die Hosen heruntergezogen und ihr eine Tracht Prügel verpaßten, vielleicht Schlimmeres. Es ist dies die Art, wie man Théroigne de Méricourt in den Wahnsinn getrieben hat. Doch Olympe ist von robusterer Bauart.

Eines Tages taucht vor ihrer Wohnung in der Rue Saint-Honoré eine Meute Männer auf, die sich ihrer bemächtigen will; unerschrocken geht sie ihr entgegen. Einer der Männer packt ihr Kleid, ergreift ihren Kopf, zieht ihn unter seine Arme, schwenkt seinen Dreispitz und schreit: »Der Kopf von Madame de Gouges für vierundzwanzig Sous zu verkaufen, für vierundzwanzig Sous! Zum ersten, zum zweiten, zum dritten ... Wer bietet mehr als vierundzwanzig Sous? Wer will ihn?« Da sagt Olympe, den Kopf zwischen den Armen des Mannes wie in einem Schraubstock, ruhig, als sei sie nicht in Lebensgefahr: »Mein Freund, ich biete dreißig Sous und bitte um den Zuschlag.« Daß sie sich sogar in Todesgefahr nicht den Schneid abkaufen ließ, machte den Parisern

* Philippe war mit seinem Palais Royal als dem Ort zahlreicher Vergnügungen den Parisern bestens vertraut.

Eindruck. Sie lachten, und die Agenten Philippes mußten sie freilassen.

Von nun an überschüttet Olympe den ehemaligen Freund, den zu hassen sie nun doppelten Anlaß hat – er trägt mit seiner Stimme zum Tode seines Vetters bei, und er hat sie selbst mit dem Tode bedroht –, nicht nur mit Vorwürfen, die sein politisches Verhalten betreffen. Sie hält ihn von nun an jeder Schandtat für fähig. Im Vorwort zu ihren ›Politischen Schriften‹ (1791–1793), deren erste Auflage sie ihm gewidmet hatte, greift sie ihn nun vehement an. Es ist eine Vehemenz, die man nur Menschen gegenüber aufzubringen vermag, die einem mehr bedeuteten als eine zufällige Bekanntschaft. »Weiche von mir, Philippe! Wenn ich durch deinen Dolch zugrunde gehen muß, dann will ich meine letzten Augenblicke teuer verkaufen. Ein Wegelagerer, ein Mörder, der grausamsten Tat fähig, wäre nicht in der Lage gewesen, die Hälfte jener Schrecklichkeiten zu begehen, deren Urheberschaft man dir nachgesagt hat. Welche Schandtaten häuft die Geschichte auf dein Leben.«

Noch einmal hat der Herzog von Orléans versucht, seine frühere Freundin zum Schweigen zu bringen. Im März 1793 entgeht sie mit knapper Not einer weiteren »Bestrafung« durch die Handlanger Philippes. Statt einer Widmung ihrer Werke an den Herzog verfaßt sie nun für die Pariser Journalisten einen hochemotionalen Begleitbrief, in dem es heißt: »Es ist im letzten Augenblick ihres Lebens, in dem Madame de Gouges diese Zeilen diktiert ... Die Feinde des infamen Philippe von Orléans werden, wenn sie das Werk lesen, nicht verfehlen zu sagen, daß er zwar versucht habe, mich vergiften zu lassen, daß aber ich selbst der Henker meiner Tage sei ... Ich habe die Dummheit begangen, meine Werke dem korrumpiertesten, dem übelsten aller Perversen zu widmen.« Dann teilt sie einige Vertraulichkeiten mit, die auf – immer noch – enge Beziehungen mit dem Herzog schließen lassen. Philippe, so schreibt sie, habe ihr geraten, die beiden Bände mit einem Porträt von ihr zu versehen, doch sie habe ihm darauf geantwortet: »In diesem Werk ist mein Porträt en miniature.« Schließlich macht sie ihn allein verantwortlich für den verworrenen Zustand Frankreichs: »Dies, Philippe, hat deine blutrünstige Partei zustandegebracht ... Welch grausame Alternative bietet sich dem Bürger jetzt: hier Ketten, da Dolche.«

Dies ist das definitive Ende einer Freundschaft, in die Olympe viel Hoffnung investiert haben muß. Einer ihrer Biographen, Olivier Blanc, hat wohl recht, wenn er meint, die wirkliche Beziehung zwischen Philippe und Olympe sei kaum mehr offenzulegen. Aber daß die Autorin nach allem, was vorgefallen sei, dem Geliebt-Gehaßten im Jahre 1793 ihre ›Werke‹ gewidmet habe, werfe ein Licht auf den »merkwürdig leidenschaftlichen Charakter ihrer Beziehungen«.

Die Hinrichtungsmaschinerie der Revolution macht wenig später keinen Unterschied in der Begründung ihres Patriotismus: Beide sterben am Verrat des Generals Dumouriez vor Brüssel. Philippe, weil er nach einem Vorwand suchte, um den letzten Prinzen vom Geblüt der Bourbonen, seinen Sohn, aus dem Rampenlicht der Öffentlichkeit zu entfernen. Sie, weil sie das Pech hatte, daß vier Wochen vor dem Verrat des Generals Dumouriez ihr Stück über ihren »Helden« auf die Bühne gebracht wurde, eine Tatsache, die man als Kollaboration mit dem Feinde auslegte.

Philippe, so wird berichtet, habe mit einem seiner Gefolgsleute in Südfrankreich beim Essen gesessen, als die Nachricht seiner Festnahme ihn erreichte. »Großer Gott«, so habe er ausgerufen, »was sagen Sie dazu, Monville?« Dieser enthäutete und würzte eine Seezunge und drückte den Saft einer Zitrone über ihr aus. Er antwortete dem Herzog, ohne sich auch nur im mindesten zu erregen: »Das ist furchtbar, Monseigneur, aber was wollen

Sie? Sie haben von Eurer Hoheit alles gehabt, was Sie haben konnten; Eure Hoheit kann Ihnen zu nichts mehr dienen, und Sie machen mit Ihrer Hoheit, was ich mit der Zitrone gemacht habe, deren Saft ich gerade ausdrückte.« Herr Monville wirft die zwei Hälften der Zitrone in den Kamin und bemerkt zu dem Prinzen, daß die Seezunge möglichst warm gegessen werden muß.

Philippe-Egalité wird am 6. November 1793, drei Tage nach Olympe, guillotiniert. Der undurchsichtige Intrigant hat im Tode seine Haltung nicht verloren. Er verzieht, als er auf dem Weg zum Schaffott sein Palais Royal noch einmal sieht, keine Miene. Auch die Guillotine kann ihn nicht aus seiner Reserve locken. Es wird noch bis ins 19. Jahrhundert dauern, bis sein Sohn, Ludwig XVIII., als »Bürgerkönig« Louis-Philippe die Träume seines Vaters vollendet. Er besteigt 1830 den Thron Frankreichs.

Monarchistin und Demokratin

1792 ist es in Paris noch nicht gefährlich, sich zu den Gemäßigten zu bekennen. Wohl aber kann es durchaus unzuträglich sein, sich offen als Royalist zu erkennen zu geben.

Auch die vielen Deutschen, die in Paris leben, spüren in diesem Jahr den Sinneswandel, den nicht nur die Hauptstadt durchmacht. Christoph von Wolzogen, Sachsen-Weimarischer Legationsrat, war schon 1789 unangenehm berührt von der neuen Atmosphäre seines geliebten Paris: »Es ist doch unangenehm, immer rechts und links und vor und hinter sich zu sehen, ob nicht die Nation anrückt.« Aber das war noch eine Stimmungsbeschreibung. Nach der Guillotinierung Ludwigs XVI. beginnt man sich in Paris allgemein mit Mißtrauen zu betrachten, ist unsicher, wer das nächste Opfer sein wird. Wolzogen erfaßt die gespannte Atmosphäre, die Anfang 1793 dort herrscht:

»Kommt man als Fremder in eine Pariser Gesellschaft, so ist es interessant zu beobachten, wie man sich dort dreht und wendet, um herauszubekommen, welche Meinung der Gast vertritt. Bald berührt man diese Seite, bald spricht man als Demokrat, bald als Aristokrat ... Hat man dann herausgefunden, daß er (der Fremde) nicht derselben Meinung ist wie die Gesellschaft, so ist man sehr auf der Hut, besonders wenn er ein Demokrat ist. Man entschuldigt die Exzesse, die vorgefallen sind, redet von den Siegen der Armeen. Ist er Aristokrat und die Gesellschaft demokratisch, so wird er, da diese die große Partei ist, zurückgesetzt ... Man spricht mit der größten Verachtung von der Nation, aus der er stammt, von dem Fürsten, dem er dient. Die Wörter ›Tyrann‹, ›Despot‹, ›Sklave‹ kommen in jeder Phrasis vor. Kurz, es bleibt ihm nichts anderes übrig, als sich aus der Gesellschaft zu schleichen und sich Vorwürfe zu machen, daß er sich und seine Meinung unbedachterweise offenbarte.«

Auch Olympes Freund Mercier spürt diesen Umschwung, der in der Luft liegt: »Die Frauen verloren allen Einfluß nach der großen Explosion: Vergeblich glaubten sie, daß der Franzose wieder auf den Geschmack der Frivolitäten käme.«

In dieser Atmosphäre ist es schwer, sich all denen verständlich zu machen, die nur ein Entweder-Oder gelten lassen wollen. Olympe zum Beispiel antwortet einem alten Kommandeur der Malteser-Ritter, der darüber klagt, wie schlecht es dem König gehe: »Die Könige sind Bohrwürmer, die die Substanz des Volkes bis auf die Knochen abnagen.« – »Ich glaubte Sie Royalistin, Madame!« – »Ja, mein Herr, das bin ich, aber im Geiste der Verfassung, und außerhalb ihrer kenne ich keinen König mehr.« Man muß also bei ihr unterscheiden, so wie auch sie unterscheidet: »Der Patriotismus hat seine Nuancen wie die Tricolore; ebenso habe auch ich meine Nuancen.«

Es ist die zunehmende Antipathie nicht nur gegen die

Monarchie als Staatsform, sondern auch gegen die Person des Königs, die es Olympe seit 1792 geraten erscheinen lassen, ihre Stellungnahmen zugunsten des Königshauses etwas zu dämpfen. Im Herzen allerdings bleibt sie eine Royalistin. Es stimmt einfach nicht, was Michelet von ihr schreibt: »Revolutionärin im Jahre 1789, wurde sie Royalistin, als sie am 6. Oktober den König in Paris gefangen sah; Republikanerin im Juni 1791, unter dem Eindruck der Flucht und des Verrats Ludwigs XVI., wandte sie sich ihm wieder zu, als man ihm den Prozeß machte.« Dieser Cocktail von Temperament, Weitsicht und Klatschsucht zugleich scheint es vielen schwer gemacht zu haben, an ihre unwandelbaren Prinzipien zu glauben.

Zwei Sätze sind es, die man im Ohr behalten sollte, beide an ihre nicht-aristokratischen, bürgerlichen Landsleute gerichtet: »Beugt euch und eure Rechte (auf die Dauer) nicht vor der königlichen Autorität.« Und: »Es ist besser, einen Monarchen zu haben als Hunderten untertan zu sein.«

Aus diesen Sätzen spricht vielerlei. Da sagt sie zum einen, daß es Rechte gäbe, die an keinen Fürsten veräußert werden dürften. Und da offenbart sich zum anderen der Wunsch nach einer versöhnenden Kraft, die mehr ist als nur ein Zünglein an der Waage. Es ist kaum vorstellbar, daß sie in diesen verwirrten und verwirrenden Zeiten die Illusion hat, es könne so etwas wie eine reibungslose Versöhnung der kämpfenden Stände geben. Sie hat ja miterlebt, daß die Erhebung des Dritten Standes zur Nation, zur Nationalversammlung keineswegs die Aufhebung des bürgerlichen Eigennutzes bedeutet; sie ist Augen- und Ohrenzeugin einer Entwicklung, in der sich das Volk langsam vom Bürgertum ablöst und in der nun politische Initiative nicht mehr vom Parlament herkommt, sondern dem Druck der Straße entspringt. Möglicherweise hätte sie 1793 nicht mehr dasselbe geschrieben wie noch 1789: »Das Joch des Despotismus ist für die

Menschen tausendmal den Schwierigkeiten und den andauernden Tyranneien vorzuziehen, die eine erschrekkende Anarchie mit sich bringt.« Aber ähnlich gefühlt hätte sie sicherlich. So bleibt im Kern das richtig, was Léopold Lacour über ihre politische Grundeinstellung sagt: »Ein einziges Wort faßt alles zusammen: Sie ist eine Frau des ›Ancien France‹. Die Revolution zieht sie an und versetzt sie in Schrecken. Sie geht (in manchem) über sie hinaus ... Aber die alte monarchische und aristokratische Gesellschaft mit ihrem Charme hat sich ihr tief eingeprägt ... Sie ist aus dem Volke gebürtig, aber ebenso Aristokratin; sie ist 18. Jahrhundert.« Es ist sicher keine spezifisch weibliche Eigenschaft, daß Olympe alles und jedes auf sich bezieht. Ihre Selbsteinschätzung gerät bisweilen zur Anmaßung, etwa dann, wenn sie davon spricht, daß die Grundsätze der Gleichheit, Gerechtigkeit und Menschlichkeit in der Verfassung von 1791 allein auf ihre Initiative zurückzuführen seien. Und doch ist diese Egomanie nicht zuletzt das Produkt einer großen Einsamkeit inmitten des revolutionären Zentrums. Paris, das bleibt für sie die Stadt ihrer Frühzeit, das ist der kleine Kreis, der sie umgab und teilweise noch umgibt. Noch immer denkt sie sich die königliche Familie auch als ihre Familie, und sie denkt, der König erkenne sie als eine der Seinen an. Als seine Söhne nach dem 14. Juli 1789 ins Ausland fliehen, als die Oktobertage desselben Jahres den Niedergang der Monarchie ansagen, da bittet sie den König, er möge seiner Familie befehlen, wieder nach Frankreich zurückzukehren. Wenn es sein müsse, dann wolle sie es sein, die sie zurückhole.

Es war also nicht so, daß sie sich einmal für und einmal gegen die Monarchie aussprach – sie war immer für sie. Sie war zwar nicht für den Hof Ludwigs XVI. und sie hatte auch Einwände gegen Marie Antoinette, die allzulange ihren Schäfertraum im Trianon von Versailles auslebte. Aber sie war immer für Ludwig XVI. Er war für sie eine Vaterfigur, und sie konnte sich ein Volk ohne Vater nicht vorstellen, vielleicht deshalb, weil sie keinen Vater gekannt hatte, weil sie in ihrem Mann nicht den Vater anerkannt hatte, weil sie ihren Sohn allein aufgezogen hatte. Wenn es schon in ihrem engeren Kreise keine Väter gab – Frankreich sollte zumindest einen Vater haben. Sie kannte das französische Volk; sie wußte von seinen Gefährdungen, wußte, wie schnell Freiheitsdurst in Anarchie umschlagen kann.

Sie spürte in sich den Esprit français rumoren: »Ich lobe, ich tadele ohne eigentlichen Grund, ohne Motiv; ich will alles auf einmal unternehmen, und ich weiß nichts: Aber die Wissenden wissen auch nicht mehr.« Deshalb verbat sie sich allzu intensiv und oft, an die Ausschweifungen des Hofes zu denken, derer Ludwig XVI. nie Herr geworden war. Sie dachte und handelte, wie jeder denkt und handelt, der an eine große Persönlichkeit, an eine Führungsfigur denkt: Er muß ohne Tadel und unbefleckt bleiben. Die Flecken auf dem Mantel der Monarchie stammten nicht von Ludwig XVI., sondern von seinem Hof, von all denen, die die Gutmütigkeit des Königs ausgenützt hatten, um ihr eigenes böses Spiel zu treiben. In einer öffentlichen Mitteilung versucht sie, ihn aus seiner Lethargie zu reißen, »mutig Stellung zu beziehen«, appelliert an sein »gütiges, zartfühlendes, großzügiges Herz«, will, daß er »unerschrocken und entschlossen« handele, damit das Volk sehe, daß allein die »absolute Herrschaft« die Ordnung wieder herzustellen vermöge.

So führt sie eine doppelte politische Existenz: Sie verteidigt die Monarchie und treibt zugleich die neue Ordnung immer weiter voran. Gegen den Staatsbankrott will sie mit einer Nationalabgabe einschreiten, zur Bekämpfung der Arbeitslosigkeit fordert sie öffentliche Werkstätten – frühsozialistische Gedanken, wie sie 1848 wieder auftauchen –, für das Volk sollen eigene »Volksgerichte« geschaffen werden, für die höheren Stände soll es dagegen bei den herkömmlichen Gerichten bleiben. Zur Förderung der Künste macht sie den Vorschlag eines neuen nationalen Theaters, für das vorwiegend Frauen die Stücke schreiben sollen. Alles wird neu; nur die Menschen, die dieses Neue bedienen sollen, bleiben die gleichen.

Was sie nach dem Sturm auf die Bastille geschrieben hatte, bestätigte sich später: »Es erscheint mir immer noch so, als könne man die französische Monarchie nicht wie eine Republik ohne Ordnung und ohne Chef behandeln; dies ist es, was ich in meinen Schriften immer wieder zu bezeugen versucht habe.« Angesichts solcher Treue muß ihr die Flucht des Königs wie ein Verrat an der eigenen Sache vorgekommen sein. Für eine Weile scheint selbst sie sich von ihm abzuwenden; doch dann stellt sich heraus, daß sie nichts anderes getan hat, als über die Rettung des Königshauses nachzudenken – auch wenn sie den König mit scharfen Worten belegt.

Doch nunmehr setzt sie sich zwischen alle Stühle. Sie vermag ihren Patriotismus kaum mehr jemandem zu vermitteln. Von nun an ist sie den Aristokraten verdächtig, weil sie Demokratin ist, den Republikanern aber ebenso, weil sie für eine konstitutionelle Monarchie eintritt. Sie steht zwischen allen Fronten, hat aber dabei doch das Gefühl, den im Verlauf der Revolution verlorengegangenen »gesunden Menschenverstand« der Franzosen zu verkörpern. Sie schreibt: »Ich weiß, daß man mir vorwirft, nicht entschieden genug Partei zu nehmen. Aber meine Herren, die beiden Parteien sind mir – verzeihen Sie mir den Ausdruck – allzu extrem vorgekommen; ich habe mich in der Mitte gehalten.«

Schon lange vor dem Sturm auf die Tuilerien am 10. August 1791 war sie sich darüber im klaren, daß die Monarchie nur dann zu retten sei, wenn Ludwig XVI. abdanke. Als ehemaliger König eines nunmehr freien

Volkes könne er fern von Paris »eine unveränderliche Ruhe genießen«. Früh hatte sie begriffen, daß die Monarchie nur dann eine Zukunft habe, wenn man das republikanische und das monarchische Prinzip voneinander trenne, wenn also der König auf die Rolle des pater patriae reduziert werde, man ihm alle exekutive Gewalt aus den Händen nähme. Es schwebte ihr so etwas wie das englische Modell vor: die parlamentarische Monarchie. Dort war der König der König aller; aus dem »Volk« stammten sowohl das Parlament wie auch die aus ihm gebildete Regierung.

Ab 1791 ging es nicht mehr um die Frage, wer schließlich die Macht im Staate haben solle; es ging nur mehr um die Frage des persönlichen Überlebens des Königs und seiner Familie. Erneut sucht Olympe den Vater in ihm. Je schwächer seine Stellung wird, desto eindrucksvoller sind ihre Versuche, ihn zu schützen. Als er schließlich angeklagt wird, ist sie es, die neben dem weisen, nun schon siebzigjährigen Malesherbes die Verteidigung des Königs übernehmen will. Sie schreibt dem Präsidenten der Nationalversammlung, man solle ihr Geschlecht bei der Beurteilung ihres Wunsches unberücksichtigt lassen, denn »der Heroismus und die Großzügigkeit sind auch Teilhabe der Frauen, die Revolution liefert dafür mehr als ein Beispiel«.

Einprägsamer ist aber noch die dem Gesuch folgende Gedankenführung. Sie ist ein vorweggenommenes Plädoyer, so als hätte sie schon erwartet, nicht zur Verteidigung zugelassen zu werden. – Tatsächlich ging die Nationalversammlung über ihr Gesuch hinweg und zur Tagesordnung über. – Da sagt sie zum einen: »Ich glaube, daß Ludwig als König gefehlt hat; aber seines Titels ledig hört er auf, in den Augen der Republik schuldig zu sein ... Er war schwach, er wurde getäuscht; er hat uns getäuscht, er hat sich selbst getäuscht. Darin besteht seine ganze Schuld.« Und dann, wahrhaft sibyllinisch: »Es genügt nicht, den Kopf eines Königs fallen zu lassen, ihn zu töten; er lebt noch eine lange Zeit nach seinem Tode fort; tot aber ist er erst wirklich, wenn er seinen Sturz überlebt.«

Hätte die Republik damals auf sie gehört – sie hätte sich viel Blutvergießen erspart. Es war ja gerade die Angst vor den Royalisten und Aristokraten, vor den »Konterrevolutionären«, die später zur letzten Stufe des Terrors führte. Auch später noch hat Olympe versucht, den König zu retten. Einen Tag nach dem Todesurteil am 17. Januar 1793 ersinnt ihr nimmermüder Kopf einen letzten Plan.

Auch der geht davon aus, daß ein lebender König für das um sein Überleben kämpfende Frankreich, das sich inzwischen im Kriege befindet, nützlicher ist als ein toter. Sie ist in der Nationalversammlung, als die Deputierten darüber abzustimmen haben, ob der König schuldig ist oder nicht. In diesem Punkt besteht fast Einmütigkeit. Als dann zwei Tage später, am 16. Januar 1793, die Abgeordneten über seine Strafe befinden, sprechen sich dreihundertsiebenundachtzig Deputierte von siebenhundert für seinen Tod aus, unter ihnen auch Philippe Egalité. Kurz nach diesem Urteil, in letzter Minute, klebt Olympe ein rotes Plakat mit dem Titel ›Todesurteil, von Olympe de Gouges gegen Louis Capet vorgebracht‹ an die Pariser Mauern. Noch einmal entwickelt sie die Idee: »Dieser schuldige Kopf, einmal gefallen, ist für uns von keinerlei Nutzen mehr. Dieser Kopf ist uns zu teuer zu stehen gekommen, als daß wir daraus nicht einen wirklichen Vorteil ziehen sollten.«

Der Plan allerdings, den sie danach schmiedet, ist in jener Grauzone von Phantasie und Realismus angesiedelt, in der manche ihrer Vorhaben zu finden sind, ein Plan, der ihre zuvor aufgestellte These geradezu umkehrt: »Ludwig XVI. sollte gefesselt und in einem Wagen zwischen die Armeen im Feuer des Feindes und unserer Artillerie gebracht werden. Wenn die königlichen Schurken in ihren Verbrechen fortfahren und es ablehnen, die Unabhängigkeit der Republik anzuerkennen, dann ersuche ich darum, die erste ... Lunte anzünden zu dürfen, die uns von dieser mörderischen und tyrannischen Familie befreien wird.«

Am 21. Januar 1793 wird Ludwig XVI. mit der neuartigen Hinrichtungsmaschine des Arztes Guillotin geköpft. Und Olympe sieht sich einer Flut von Verdächtigungen und Verleumdungen gegenüber. Man sagt sogar, sie schade der Sache der Frauen. Eine Zeitung schreibt: »Man stelle sich in der Versammlung zweihundert Frauen vom Schlage Olympe de Gouges' vor ... Wir überlassen unseren Lesern das Vergnügen, sich die Folgen auszumalen.«

Sie selbst hat immer Mäßigung gepredigt, schreckt aber doch davor zurück, in den Geruch zu geraten, eine »Aristokratin« zu sein. Viele Flugschriften hat sie gegen diesen Vorwurf geschrieben. Von nun an läßt sie – nachträglich scheint es fast, als habe sie dadurch ihren Tod gesucht – jegliche Rücksicht denjenigen gegenüber fallen, die predigten, daß die Französische Revolution durch ein Blutbad gehen müsse. Schon in ihrem ›Esprit français‹ hatte Olympe davor gewarnt, vergossenes Blut als Nahrung für den Geist der Revolution zu betrachten. Gewalt und Blutvergießen waren ihr fremd.

Im September 1789 hatte sie beklagt, daß sich die Franzosen »mit dem unabwaschbaren Fleck von entsetzlichen Morden, die sie begingen, beschmutzt haben«. Die Rettung des Königs im Kopf, hatte sie später dann geschrieben, sie wünschte sich, »daß sich die Revolution ohne jedes Blutvergießen vollzogen hätte«. Wie Rousseau fürchtete sie, daß ein einziger vergossener Tropfen Blut Ströme von neuem Blut nach sich ziehen würde. »Die Kommune wird mit mir übereinstimmen, daß es nicht das Blut ist, mit dem die Revolution zementiert werden kann.«

Die Kommune stimmte keineswegs mit ihr überein,

und ihre Hoffnung hatte getrogen; denn auf die Toten bei dem Sturm auf die Bastille 1789 waren die Toten auf dem Marsfeld gefolgt, dann die Toten beim Sturm auf die Tuilerien, später die Septembermorde 1792, und nun machte sich die »Terreur«, die Schreckensherrschaft, insbesondere von Oktober bis Dezember 1793 daran, die liberale Revolution endgültig zu ersticken.

Von nun an bezieht Olympe ganz eindeutig Stellung. Sie, die immer stolz darauf gewesen war, keiner Partei zugerechnet zu werden, bekennt sich nun im guten wie im schlechten zu den Gemäßigten, deren Schicksal sie dann auch teilt. Doch bevor sie in die Fänge des Revolutionstribunals gerät, prangert sie diejenigen unerbittlich an, denen Frankreich ihrer Meinung nach sein Unglück verdankt. Was sie vorher noch an Vorsicht besaß, läßt sie nun unerschrocken außer acht. Dabei kämpft sie nicht als weiblicher Don Quichotte gegen Gespenster, ohne zu wissen, was ihr blüht – sie weiß ganz genau, welches Risiko sie läuft. Léopold Lacour schreibt dazu: »Wenn man einige der Flugschriften liest, die Olympe de Gouges zwischen Ende 1792 und Anfang 1793 hat erscheinen lassen, ist es tatsächlich erstaunlich, daß sie überhaupt bis zum 3. November dieses Jahres hat überleben können.«

Gegen Marat und Robespierre

Die Revolution beschleunigt ihren Gang Ende 1792 mit mörderischer Geschwindigkeit. In diesem Augenblick ist sich Olympe dessen vielleicht noch nicht völlig bewußt, aber ihre Schriften, deren Ton und deren Diktion, sind ein untrüglicher Beweis dafür, daß Prozeß und Hinrichtung Ludwigs XVI. mehr für sie bedeutet haben als ein weiterer Schritt in der revolutionären Geschichte. Sie sind eine Zäsur in ihrem Leben; ihre Weltsicht hat sich verändert. Zuvor streitet sie um die besseren Lösungen, bietet immer neue Ideen in einer neuen Zeit an. Jetzt wird sie unerbittlich in ihrem Haß auf die, deren fanatischen Glauben an die Freiheit sie fürchtet. Sie fühlt die Revolution der Freiheit verraten.

Tatsächlich ist das, was sie 1792/93 erlebt, schon lange nicht mehr die Revolution, für die sie sich 1789 entflammt hatte. Die stand zu Beginn im Zeichen der Dezentralisierung, der Vielheit, der Buntheit. Nicht nur den Menschen war damals die Freiheit gegeben worden, auch die Städte hatten ihre Selbstverwaltungsrechte erhalten. Dies ist nicht mehr die Republik, die sie kennt, in der nun die Regierung Kommissare in jene Landesteile schickt, in denen noch Dialekt gesprochen wird, um dort im Namen der Republique une et indivisible die letzten Reste regionaler Eigenständigkeit auszurotten. Dies ist nicht mehr ihre Republik, in der die Regierung im August 1793 schlichtweg dekretieren kann, die Theater hätten von nun an dreimal in der Woche erbauliche Dramen wie ›Brutus‹ oder ›Gaius Gracchus‹ zu spielen, damit die »Tugenden der Verteidiger der Freiheit« auch die Seelen schlichterer Bürger beflügelten. Sie war für die eine und unteilbare Republik, aber sie verstand darunter nicht eine Republik, in der die Freiheit »gleichgeschaltet« wird, in der Danton ebenso große wie gefährliche Worte sagen konnte: »Bildung ist ein Bedürfnis aller. In einer Republik ist keiner so frei, nichts wissen zu wollen.«

Allerdings: Das französische revolutionäre Frankreich ist in äußerster Bedrängnis. Seit Juli 1792 steht es im Krieg mit den großen Mächten Europas. Lafayette, der Heros des amerikanischen Freiheitskrieges, ist im August zum Feind übergelaufen, und General Dumouriez, der Held des revolutionären Krieges, folgt ihm im März 1793. Auch nach innen steht die Republik bald im Abwehrkampf: Der konterrevolutionäre Aufstand in der Vendée verursacht schwere innenpolitische Konflikte im August 1793. Wen wundert es, daß die Suche nach den

Verantwortlichen für die Rückschläge immer schonungsloser, auch immer sinnloser wird? Manche der Frauen entwickeln nun einen Radikalismus, der den der Männer noch übersteigt. Einige von ihnen wollen, ebenso wie die anarchistischen Enragés, die Revolution nun gar »poetisieren«, was immer das heißen mag.

Olympe geht den umgekehrten Weg. Sie schließt sich nicht denen an, die sich zu retten suchen, indem sie mit den Radikalen radikal werden. Sie wird radikal, indem sie Robespierre, Marat und deren Fraktion an ihren gemäßigten Prinzipien mißt. In ihrem letzten Jahr hat sie immer nur politisch, fast nicht mehr zugunsten der Sache der Frauen geschrieben. Sie entschuldigt sich auch nicht mehr dafür, daß sie eine Frau ist. Selbst auf diesen schwachen »Platzvorteil« verzichtet sie und geht diejenigen frontal an, die sie als Totengräber der Revolution ansieht; als Totengräber anderer Bürger, möglicherweise auch ihrer selbst.

Nicht sie entfernt sich von der Revolution – die Revolution entfernt sich von ihr. So wird sie zur verhaßten Gegnerin der Jakobiner, des linken Flügels im Konvent. Und so ergibt es sich wie von selbst, daß sie nach dem Verschwinden des Königs, der Aristokraten und der Royalisten automatisch die Partei der Gironde, der Gemäßigten, ergreift, wenn sie sich auch dagegen verwahrt, zu ihnen gezählt zu werden. Sie schließt sich den Girondisten an, als diese auf der Verliererstraße sind. Denn sie haben den Krieg befürwortet, der nun verlorenzugehen droht. Möglicherweise hatte sie einmal Vorbehalte gegen deren expansive Kriegsführung. Aber sie ist auch Französin, ist durchdrungen von der mission civilisatrice der Französischen Revolution. Zumindest ist sie überzeugt, daß die an Frankreich grenzenden Länder dessen Freiheitsbotschaft als ihre eigene nationale Freiheitsbotschaft empfinden. Der Gedanke, daß Belgien von ihrem Heros Dumouriez schlichtweg annektiert worden sein könnte, kommt ihr gar nicht.

Der Tod des Königs und zuvor die Septembermorde 1792, die zuerst jenen Geistlichen galten, die nicht den Eid auf die Verfassung schwören wollten – sie hatten sie dünnhäutig gemacht ebenso wie dieses Blutbad, von dem ein Deutscher, Bernhard Conrad Engelhard Bölsch, nach Hause schreibt: »In einer Stadt, wo es achtzigtausend gut bewaffnete und zweihunderttausend streithafte Männer gibt, wo achtundvierzig Sektionsversammlungen ..., das Departement ... und die Legislatur permanent sind, in diesem Zusammenfluß moralischer und physischer Gewalt wagt es eine Bande von zweihundert Bösewichtern, Totengericht über alles zu halten; ja, es gibt wenige Bürger, deren Existenz nicht von der Willkür dieser Handvoll Menschen abhing während der fünf oder sechs Tage, die die Exekution dauerte.«

Olympe klammert sich an die Gemäßigten, ohne ganz zu realisieren, daß sie ihr persönliches Schicksal mit deren Sturz verbindet. Sie ist in diesem Augenblick die Gefangene ihres eigenen Schicksals. Nun, da sie abgestempelt ist als Parteigängerin der Gironde, nimmt sie auch keine Rücksicht mehr auf andere. Es geht nicht mehr um reden und reden lassen – es geht um Leben und Tod.

Lange bevor die Terreur ihrem Höhepunkt zutreibt, greift sie die Jakobiner, vor allem Robespierre und Marat, mit einer geradezu wahnwitzigen Tollkühnheit an. Insbesondere als der Jakobiner Leonard Burdon sie am 28. November 1792 im Konvent mit dem Hinweis attackiert, sie habe für die Wiedereinsetzung des abgesetzten Königs agitiert, sei wohl selbst eine Tochter Ludwigs XVI. und deshalb eine Konterrevolutionärin, der man das Handwerk legen müsse, ahnt sie, daß sie keine Chance mehr hat.

Es hat deshalb eine tiefere Bedeutung, daß schon mit ihrem ›Rechenschaftsbericht‹ vom November 1792 eine Reihe von ›Letzten Worten‹ begonnen hat. Wie ein einziges, nicht enden wollendes Abschiednehmen von dieser

Welt erscheint im nachhinein diese Folge von Schriften, so ›Mein letztes Wort an meine lieben Freunde‹ vom Dezember 1792, das ›Politische Testament Olympe de Gouges'‹ vom Juni 1793 und ihr Brief am Todestag mit der Anrede ›An den Bürger de Gouges, Offizier in der Rheinarmee‹ und dem ersten Satz: »Ich sterbe, mein geliebter Sohn, ein Opfer meiner abgöttischen Liebe für Vaterland und Volk.«

Schon im Dezember 1792 schreit sie ihre ganze Verzweiflung und Enttäuschung in ihrem ›Brief an den Nationalkonvent und an das Volk‹ heraus: »Ich wünschte, es hätte wahr werden können, eine philosophische Revolution, der heiligen Menschheit würdig, würdig schließlich auch unseren republikanischen Prinzipien, aber die Verfassunggebende Versammlung beschloß es anders. Sie erniedrigte zwar die Tyrannen, behielt sie aber zugleich bei. Diese so hochgelobte Verfassung hat nur eine monströse Regierung hervorgebracht.«

Und ebenso wie sie oft die eigene Bedeutung überschätzt, so unterschätzt sie sicherlich das Gedächtnis ihrer Gegner, die sie gnadenlos angreift: »Wo wart ihr denn damals, Marat, Robespierre, Bourdon? Insekten, dahinvegetierend im Sumpf der Korruption, aus dem ihr auch heute noch nicht geschlüpft seid. Ich war schon eine Edelfrau, als ihr noch widerliche Sklavenseelen wart. Die Tatsachen sprechen deutlicher als ich.«

Immer wieder gelingen ihr Satzfolgen, die schon deshalb eindrucksvoll sind, weil durch die Worte auch die menschliche Verwundung hindurchscheint. Und es steht ihr trotz aller Bitterkeit noch immer die Gabe der Ironie zu Gebot, wenn sie, die vorgibt, in die »Arme Thalias« zurückfliehen zu wollen, ihren männlichen Nachfolgern ins Stammbuch schreibt: »Ich überlasse euch das Vergnügen, ganz Frankreich nach eigenem Gusto um- und umzustülpen, seine Finanzen zu vergeuden, Mord und Plünderung anzustiften, unter euch die Posten aufzuteilen, an die Stelle von Tugend und Talent sämtliche Laster, die Anmaßung und die Nichtigkeit zu setzen.«

Noch vor dem Tod des Königs greift sie Marat in einer Art und Weise an, wie sie dies zuvor nie getan hat. In der achtseitigen Schrift ›Die Phantome der öffentlichen Meinung‹ heißt es: »Von welcher Seite man ihn auch beobachtet, so glaubt man doch immer, irgendeine Missetat auf seinem Gesichte spielen zu sehen ... Ludwig XVI. wird unter dem Fallbeil sterben, und Marat, der berühmte Agitator, der Zerstörer und der Todfeind der Gesetze, der Menschheit, seines Vaterlandes ..., fähig und davon beseelt, in Frankreich eine Diktatur einzuführen, dieser Marat lebt frei in der Gesellschaft, deren Tyrann und Geißel er ist?«

Auch Robespierre wird in zwei Schriften so rücksichtslos attackiert, daß man sich wundert, wieso er sich nicht schon früher für ihre Angriffe gerächt hat. Die erste Schrift, ›Prognose Maximilien Robespierre betreffend, von einem amphibischen Lebewesen‹, muß Mitte November 1792 entstanden sein. Dieses angebliche Lebewesen, »weder Mann noch Weib«, schüttet seinen Haß über Robespierre aus: »Du wirst in alle Ewigkeit nur der Schandfleck und ein Greuel der Revolution bleiben ..., den Atem verpesten, die reine Luft, die wir heute einatmen. Deine zuckenden Lider verraten wider deinen Willen die Niedertracht deiner Seele, und jedes einzelne deiner Haare steht für ein Verbrechen ... Glaub' mir, Robespierre, meide das Tageslicht, es ist nicht für dich gemacht; halte es mit Marat, deinem ehrenwerten Kollegen, verkrieche dich mit ihm in seinem widerlichen Schlupfwinkel ... Du möchtest Ludwig, den letzten, umbringen und damit vermeiden, daß er rechtmäßig abgeurteilt wird; sie alle möchtest du umbringen, Pétion, Roland, Vergniaud, Condorcet, Louvet, Brissot, Lasource, Guadet, Hérault de Séchelles, in einem Wort, die Leuchten der Republik.«

Mit dieser Aufzählung beweist sie ihre seherischen Gaben. Alle Genannten – außer Louvet – sterben innerhalb weniger Monate eines grausamen Todes. Gleichwohl hat sie sich nie derart in ihren Haß hineingesteigert, daß sie zur Vernichtung ihrer Gegner aufruft. Selbst in ihren Haßausbrüchen schreibt sie: »Robespierre und Marat mögen sich Schmach und Schande aufgeladen haben, ihr Kopf muß dennoch unantastbar bleiben; sollten sie wirklich schuldig sein, so dürfen nur Recht und Gesetz über sie verfügen ... Kurzum, jeder muß seiner Strafe zugeführt werden, der an einem Mordanschlag gegen diese wahnwitzigen Agitatoren beteiligt sein könnte. Selbst wenn diese rachelüstern gar danach trachteten, die Fackel des Bürgerkrieges zu entzünden und ihre eigene Partei zu stärken, indem sie das Gerücht ausstreuen, diese bewußten Mordgesellen seien Patrioten.« So hat sie nie die Grenzen überschritten, die sie sich selbst setzte, da der Rechtsstaat für sie oberstes Gebot blieb.

Hatte sie die erste Schmähschrift gegen Robespierre und Marat noch unter einem Pseudonym geschrieben, so gibt sie sich in ihrer zweiten, der ›Entgegnung auf die Selbstrechtfertigung Maximilien Robespierres‹, nun auch als Verfasserin zu erkennen: »Bist du dir bewußt, daß Welten dich von Cato trennen, daß Welten liegen zwischen Marat und Mirabeau, der Sumpfmücke und dem Adler, dem Adler und der Sonne. Du bist nichts weiter als ein Zerrbild jener großen Gestalten ... Oh Maximilien, du rufst den Frieden für jedermann aus und erklärst dem Menschengeschlecht den Krieg ... Mittelmäßig und anmaßend im Umgang mit jenen, die dir an Verdiensten und Talenten überlegen sind; kriecherisch und betrügerisch dem Volk gegenüber – dies dein Porträt.«

Olympe schreibt diese Texte, als – wie dies so oft geschieht – das politische Kräfteverhältnis von einem Tag zum anderen umkippt, die bisherige Minderheit zur Mehrheit wird. Es ist die Zeit, in der in den Sektionen der

Kommune von Paris schon das Nichterscheinen zu ihren Versammlungen oder die Weigerung, ein öffentliches Amt zu übernehmen, mit der Begründung der »Lauheit« oder der »Gleichgültigkeit« gegenüber der Sache der Revolution als Verhaftungsgrund angesehen wird.

Was die Frauen begrifft, so ist das, was sich zwischen dem Frühjahr 1793 und November 1793 ereignet hat, wie Kette und Schuß eines Gewebes. Weder die Radikalität nützt ihnen etwas in einem Augenblick, in dem die Männer radikal werden, noch eine gemäßigte Haltung, also der Versuch, den Absturz der Revolution in die Unmenschlichkeit zu dämpfen. Als der Staat totalitär wurde, zum Gesinnungsterror überging, nahmen sich auch die Frauen davon nicht aus. Im Gegenteil: Sie brachten Vorschläge ein, die selbst den Jakobinern und Montagnards zu weit gingen.

Nicht nur Olympe verschwindet daher im Juni 1793 von der Bildfläche – ihre letzten Anschläge an den Mauern von Paris sind nur noch Verzweiflungsakte –, auch Etta Palm, eine Gemäßigte der ersten Stunde, und Théroigne de Méricourt verlassen als ehemalige Protagonistinnen die Bühne der weiblichen Politik.

Gekommen sind im Mai 1793 die Revolutionären Republikanerinnen, die schon im November verboten werden. Sie vertreten jene populistisch-anarchistische Freiheit, die dem akribischen Terror Robespierres zuwiderläuft. Sie verlangen nicht nur, kollektiv und zu jeder Zeit die Gefängnisse betreten zu dürfen; sie wollen nicht nur Inspektionen in allen Wohnungen, um zu schauen, ob Haftbefehle gerechtfertigt sind oder ob Waren gehortet werden; sie möchten am liebsten, daß alle Händler en bloc guillotiniert werden, von der kollektiven Verfolgung der »Verdächtigen« ganz zu schweigen. Sie geloben – um Charlotte Corday zu »sühnen« –, ihre Kinder im Geist des inzwischen ermordeten Marat zu erziehen. Daß sie selbst es bald sein könnten, die man der Zusammenarbeit mit dem Feind bezichtigt, weil sie Unruhe stiften, kommt ihnen noch nicht in den Sinn.

Am 18. Frimaire (8. November 1793) wird allen Frauenvereinigungen der Todesstoß versetzt. Der Berichterstatter des Komitees für allgemeine Sicherheit, Amar, hält eine lange Rede, in der er erklärt, warum die Frauen zur Ausübung politischer Rechte aus Erziehungs-, Gesundheits- und Charaktergründen unfähig seien. Sie gipfelt in den Sätzen: »Fügen wir schließlich hinzu, daß die Frauen durch ihr Wesen zu einer Erregtheit disponiert sind, die sich für die öffentlichen Angelegenheiten als verderblich auswirken müßte, und daß die Staatsinteressen bald allem geopfert würden, was die Lebhaftigkeit der Leidenschaft an Verwirrung und Unordnung erzeugen kann.« Worauf man sich denn im Konvent ohne große Aussprache auf folgenden lapidaren Gesetzestext einigt: »Die Frauenvereine und -gesellschaften unter welcher Bezeichnung auch immer sind verboten.«

Dies geschieht fünf Tage nach der Exekution von Olympe, der Gemäßigten, und bedeutet das Ende der politischen Tätigkeiten der Frauen; nun bedurfte es nur noch des Gesetzes vom 24. Mai 1795, in dem den Frauen dann auch noch untersagt wird, politischen Sitzungen überhaupt beizuwohnen.

Angst und Ingrimm sind also seit Ende 1792 bei Olympe an die Stelle enthusiasmierter Selbstaufopferung getreten. Sie attackiert, weil es mit Verteidigung nicht mehr getan ist. Ihre Aggressivität ist aggressive Angst, ist Riposte auf die persönlichen Angriffe und Beleidigungen, die ihr nicht nur von seiten der Jakobiner zuteil werden. Sie ahnt, was es bedeuten wird, wenn sich die Linke des Konvents mit der Kommune von Paris und den Sansculotten, den selbsternannten Tugendrichtern von Paris, verbündet.

Das Volk von Paris setzt den Wohlfahrtsausschuß, jene neun, später zwölf Männer mit Robespierre an der Spitze, permanent unter Druck. Es will mehr Brot; von römischer Tugend hat es genug. Es genügt jetzt nicht mehr, sich gegen den Vorwurf des Aristokratismus zu verteidigen. Der Sansculotte sagt nicht mehr »Monsieur«, er spricht jeden unterschiedslos mit »citoyen« an; und wenn er einen Brief an einen Beamten unterschreibt, dann mit »dein gleichberechtigter XYZ«. »Gebildet und aufgeklärt zu sein heißt, sich mangelndem Bürgertum verdächtig zu machen und ständig mit Verhaftung rechnen zu müssen.«*

In dieser Atmosphäre vergleicht Olympe in ihrer zweiten Schmähschrift gegen Robespierre diesen mit großen Usurpatoren der Macht, mit Cromwell und Mohammed. »Um es diesen Verbrechern gleichzutun, bedarf es nicht einmal des Glücks. Eine Laune, eine plötzliche Gunst des Volkes, eine revolutionäre Torheit können Wunder bewirken und das Szepter einem Eindringling in die Hand spielen.«

Marat wird bei ihr zu einem willenlosen Handlanger: »Und dieser elende Marat, der triumphierend aus seiner Höhle gekrochen kommt, schmachbedeckt, und der nun in seinen Blättern von neuem das Feuer der Wut und Leidenschaft schürt, dieser elende Marat also spielt bloß die Rolle des Hanswursten in diesem wahnwitzigen Unternehmen ... Dieser moderne Nostradamus wird sich bald gezwungen sehen, in seinem unterirdischen Schlupfwinkel zu verkommen.«

Schon ein halbes Jahr zuvor hatte sie den Sturz der Gironde und den Tod ihrer Freunde vorausgesagt. In einem einzigen Akt werden zweiundzwanzig von ihnen am 2. Juni 1793 verhaftet und am 1. November hingerichtet. Pétion stirbt von eigner Hand, Condorcet begeht in seiner Zelle Selbstmord durch Gift, Roland Selbstmord auf der Flucht, als er vom Tod seiner Frau erfährt.

* Zitat aus François Furet, Denis Richet und Ulrich F. Müller: Die Französische Revolution. Frankfurt/Main [3]1989.

Olympe behält nicht nur recht, was ihre Freunde anbetrifft. Auch Robespierre, dem Hauptverursacher des Schreckens, sagt sie sein Schicksal voraus: »Du willst«, schleudert sie ihm entgegen, »auf den Stufen des Totschlages und des Mordes zu höchstem Rang emporsteigen, doch dein Thron wird der aller großen Schuldigen sein: das Schafott.« Auf ihre Sehergabe hatte sie sich schon immer etwas zugute gehalten. Im Vorwort ihrer ›Werke‹ gibt sie sich selbst Größe und sagt den Franzosen: »Sieht man in mir dereinst eine zweite Kassandra, so wird man erkennen, daß meine Weissagungen nicht einer überspannten Vorstellungskraft entsprungen sind; allein eure Sittenlosigkeit war es, die mich zu dieser Prognose veranlaßte.«

Die letzten Wochen

Es bedarf noch eines Anlasses, um Olympe einzukerkern. Ihr ›Politisches Testament‹, das noch immer nicht ihr letztes Wort ist, verschickt sie am 4. Juli, zwei Tage nach der Verhaftung der Girondisten, an die Jakobiner und die Kommune. Sie schlägt es nicht öffentlich an, »denn ich möchte weder das Volk von Paris noch die Departements in Aufruhr versetzen«, eine Befürchtung, die sie ernsthaft nicht zu haben brauchte. Doch findet hier die These von der Todeserwartung Olympes ihre Bestätigung: »Vor meinem Tode hätte ich noch gerne Aufzeichnungen aus meinem seit meiner Geburt interessanten Leben hinterlassen, launisch durch den Stern, unter dem ich geboren wurde; doch da das Schicksal meinen Tagen ein schnelles und glorreiches Ende bestimmt hat, überlasse ich es den empfindsamen Seelen, soweit es solche noch gibt, sich eine Vorstellung davon zu machen, was ein Opfer des Fanatismus ertragen haben muß, das ein Anrecht auf das Vermögen und den Namen eines berühmten Vaters gehabt hätte.« Wieder und wieder hat sie denselben Grundgedanken ausgedrückt: Sie fürchtet nicht den Tod, aber sie möchte »glorios«, nicht namenlos in dem allgemeinen Gemetzel untergehen.

Dieses ›Testament‹ vom Juli ist geprägt von den politischen Verhältnissen. Sie sagt sich nicht von den Girondisten los, geht aber doch auf Distanz: »Vergeblich werden mich die Intriganten anklagen, daß ich gemeinsame Sache mit denen gemacht hätte, die sich ›Girondisten‹ nennen; sie wissen nur zu gut, daß ich private Beziehungen mit keinem unterhielt, ihnen aber verbunden war im Hinblick auf Übereinstimmung und gute Prinzipien.« Die Todesahnungen werden noch stärker: »Ich habe alles vorausgesehen, ich weiß, daß der Tod unvermeidlich ist; aber wie ist es ehrenhaft, wie schön, für eine wohlgeborene Sache zu sterben, da ihr schimpflicher Tod alle guten Bürger bedroht.«

Sie kann sogar wieder ironisch werden, vermacht ihr Herz dem Vaterland, ihre Redlichkeit den Männern – »Sie haben sie nötig« – und ihre Seele den Frauen – »Damit vermache ich ihnen keine unwichtige Gabe«. Es ist dann merkwürdigerweise Danton – er hat zu diesem Zeitpunkt sicherlich Wichtigeres zu tun, – den sie beauftragt, für die Realisierung der von ihr angestrebten Prinzipien zu sorgen, die sie »mit Hast« und »vollem Herzen« in ihrer Schrift dargelegt habe. Denn sie kündigt – nicht zum ersten Mal übrigens – ihren Rückzug aus dem politischen Leben an.

Wie so oft in diesem autobiographisch reichlich dokumentierten Leben, das dem Biographen dennoch so viele Widerstände bietet, findet sich für diesen Wunsch nicht nur die Aussage, sondern auch der Beleg. Der Ort ihres Ruhestandes sollte die Touraine werden. Dort war bis vor kurzem ihr Sohn stationiert gewesen, doch hatte sie von ihm lange keine Nachricht erhalten. So eilt sie nach Tours, trifft dort zwar nicht Pierre, wohl aber dessen junge Frau. Die erklärt ihr, daß er von der Linken der Convention gerade in den Rang eines Brigadekommandeurs erhoben worden sei – ein Karrieresprung, der die spätere Verleumdung seiner Mutter nicht entschuldigt, aber erklärt.

Zweifelsohne wäre sie in Tours sicherer gewesen als in der französischen Hauptstadt. Doch sie geht nach Paris zurück, unterschreibt am 1. Juli einen Kaufvertrag für einen kleinen Hof – mit vier Kühen und einem Stier – in dem Dorf Saint-Etienne de Chigny an den Hängen der Loire. So folgt sie wenigstens für einen Augenblick dem »typischen« Lebenslauf eines Franzosen: In Paris macht man sein Glück oder Unglück; in der Provinz verbringt man in Ruhe sein Alter.

Am 13. Juli schreibt sie an ihren Notar in Tours einen Brief, den man dieser so städtischen Existenz kaum zutraut. Es ist der Brief einer Frau, die sich nach getaner Arbeit auf ihre Güter zurückziehen möchte, auf Güter übrigens, die sie mit dem letzten Geld, das sie noch besitzt, erworben hat: »Ich habe mir die Freiheit genommen, Monsieur, Ihnen einen Teil meiner Wertsachen zu schicken, die Sie die Güte haben wollen zu bewahren, bis ich nach Tours komme, was in Bälde geschehen wird. Seien Sie bitte auch so nett, über die geringen Erträge meines Anwesens mit Leclusier zu wachen. Ich weiß nicht, ob ich noch zur Zeit der Ernte eintreffen werde. Wären Sie so nett, Ihren Bruder, den Herrn Pfarrer, damit zu beauftragen. Er ist ein guter Republikaner, der sich, näher an meinem Land als Sie, ein Vergnügen daraus machen wird, meinen Teil des Getreides, der Birnen, der Bohnen und all dessen, was mich in meinem friedlichen Ruhesitz ernähren soll, zu ernten. Ich bin, Monsieur, mit allen Gefühlen der Gleichheit und des Republikanismus Ihre Mitbürgerin Olympe de Gouges.«

Noch zu einer Aufgabe fühlt sie sich berufen, noch einen Versuch will sie wagen, die Franzosen mit sich selbst zu versöhnen. Seit Anfang des Jahres 1793 wohnt sie in der Rue de Harlay, zwischen den beiden Seineufern auf der Île de la Cité gelegen, mit Blick auf den Justizpalast. Dies ist ihre letzte Wohnung. Fünfzehn Wohnungen in zwanzig Jahren!

Auch heute noch ist es bewegend, auf den Spuren Olympes durch Paris zu ziehen, ihre persönliche Topographie nachzuempfinden, wenn auch vieles verschüttet, planiert, unkenntlich ist – so wie ihr persönliches Schicksal. War es wirklich eine ziellose Unruhe, pure Neugierde, die sie zwischen dem Rive gauche und dem Rive droite pendeln ließ? Drückt sich mehr darin aus als nur Unstetigkeit, daß sie die Wohnungen wechselt wie die Hemden? Sicher spielt »Unbehaustheit« bei ihr mit, aber auch Zuneigung und Abneigung, Liebe und Haß. Sie hat sicher erst im Laufe der Zeit gelernt, ein Gefühl dafür zu entwickeln, wo sie hingehört.

Während ihrer galanten Zeit, also etwa von 1770 bis 1777, sind nur zwei Wohnungen nachgewiesen, eine davon übrigens nicht unweit des Palais Royal, wo Philippe von Orléans residierte. Dann kommt mit ihrer Zeit als Theaterautorin Unruhe über sie. Sie läßt sich ab Mitte der achtziger Jahre in der Nähe der Comédie Française nieder, logiert erst an der Place du Théâtre Français, dann in der Rue Corneille. Auch wenn sie in der nahegelegenen Rue Vaugirard und dann – nach einem politisch bedingten Abstecher 1789 nach Versailles – in der Rue Servandoni bei ihrer Schwester Ruhe sucht, so hat das noch etwas mit ihrer unglücklichen Liebe zum Theater zu tun.

Doch dann fragt man sich zweihundert Jahre später, ob es ihr, damals neunundzwanzig Jahre alt, eigentlich klar war, wo sie sich niederließ, als sie sich in der heutigen Rue Visconti eine Wohnung suchte, jener Straße, in der 1699 Racine gestorben war. Und hatte es etwas zu bedeuten, daß sie sich 1787, kurz bevor die Revolution ausbrach, eine Wohnung in der Rue Condé suchte, wenige

Meter von dem heute abgerissenen Haus Dantons, ihrem letzten Helden, über dessen damaligen Wohnsitz heute der Verkehr des Boulevard Saint-Germain flutet? Immerhin war er zu jener Zeit schon Advokat in Paris. Falls ja, dann scheint jedenfalls er keine Kenntnis von ihr genommen zu haben, obwohl sich gegen Ende ihres Lebens ihre Wege gekreuzt haben. Als er seine berühmte Rede vom 13. August 1793 hält, da sitzt sie schon seit einem Monat im Gefängnis und kann ihm nicht mehr für die Worte applaudieren, die in sein Denkmal an der Place de l'Odéon eingraviert sind: »Nach dem Brot ist die Bildung das erste Bedürfnis des Volkes.«

Ihre letzte Wohnung liegt dann auch bezeichnenderweise zwischen dem linken und dem rechten Seineufer auf der Île de la Cité – also zwischen dem Rive Gauche, damals schon das Viertel der Intellektuellen, und dem Rive Droite, wo die Regierung beheimatet war. Es scheint, als wolle sie mit dieser Wahl zu erkennen geben, daß sie weder zu dem einen noch zu dem anderen Bereich gehört. Es ist auch eine Entscheidung voll bitterer Ironie, daß sie sich gerade in diesen Zeiten, in der die Justiz zum verlängerten Arm von Robespierre und seinen Anhängern wird, direkt gegenüber dem Palais de Justice ansiedelt. Von der Rue de Harlay sind es nur wenige Schritte zum Pont Saint-Michel, wo sie am 20. Juli, rund eine Woche nach der Ermordung Marats, verhaftet wird, und es sind noch wenige Schritte zum Gefängnis der Conciergerie, von der aus sie, die Paris in allen seinen Facetten gekannt hat, ihre letzte Fahrt durch die Hauptstadt antritt.

Sie ist von Tours in die Rue de Harlay zurückgekommen, weil sie, wie gesagt, ein letztes Mal versuchen will, die Franzosen mit sich selbst zu versöhnen. Sie stellt die zentralistische Republik zur Disposition, will zu einer Urabstimmung über die künftige Regierungsform Frankreichs aufrufen. Ihr Anschlag ›Die drei Urnen oder das Wohl des Vaterlandes – Von einem Reisenden der Lüfte‹

ist in fast eintausend Exemplaren gedruckt worden. Doch die Bevölkerung bekommt ihn nicht zu sehen.

Eine Woche nach der Ermordung Marats, am 19. Juli 1793, hat sie das Einverständnis des Plakatklebers der Kommune, des Bürgers Meunier, erhalten, den Anschlag an Mauern und Wänden anzubringen. Doch einen Tag später will der nichts mehr davon wissen. Angesichts eines drohenden Gewitters, so sagt er, sei ihm die Sache zu gefährlich; deshalb muß Olympe sich verärgert einen anderen Helfer besorgen. Sie findet ihn, zusammen mit ihrem Verleger, dem Buchhändler Costard, auf der Pont Saint-Michel. Doch zu diesem Zeitpunkt wird sie schon überwacht – man darf vermuten aufgrund einer Denunziation von Robespierre. In demselben Augenblick, in dem sie mit dem Aufkleben des Anschlags beginnen wollen, zeigt ein junges Mädchen auf die drei Personen: auf Olympe, den Verleger und den Helfer. Zwei Kommissare, begleitet von einigen Nationalgardisten, stürzen sich in der Höhe des Justizpalastes auf die Gruppe. Nun erst realisiert Olympe, daß sie festgenommen ist.

Die drei werden zum Rathaus gebracht. Dort wird der Ankleber, ein gewisser Trottier, nach kurzem Verhör freigelassen, da er nachweisen kann, daß er Olympe gerade erst kennengelernt hat. Costard beteuert, seine Rolle sei es allein gewesen, je ein Exemplar der Wandzeitung dem Wohlfahrtsausschuß und Hérault de Séchelles zu übergeben, dem schönen und reichen Vorsitzenden des Nationalkonvents, dem das Plakat auch gewidmet ist. – Für Hérault de Séchelles hatte Olympe ein letztes Faible; sie schrieb von ihm im Jahre 1791: »Du, der du mein Held wärst, wenn ich eine Frau wäre!« –

Auch Costard wird schließlich freigelassen. Es bleibt Olympe; man hält sie in Haft. Sie schäumt, schreibt einen Brief nach dem anderen, unter anderem an den Verwaltungschef des Wohlfahrtsausschusses, Marinon, von dem sie annimmt, daß von ihm der Haftbefehl stammt.

Marinon erscheint auch, erweist sich aber als wenig entgegenkommend, zumal das auf rötlichem Papier gedruckte Flugblatt weder einen Autor noch einen Drucker aufweist. »Ich fand mich einem brüllenden Löwen gegenüber, einem reißenden Tiger, einem Rasenden, den vernünftige Argumente nur noch weiter anstachelten«, so schreibt sie am 20. August an das Revolutionstribunal. Olympe bekennt sich zu dem Druck, nennt als Referenz ihren alten Freund Cubières, zu dieser Zeit Sekretär der Kommune, und ihren Hausbesitzer. Sie behauptet, danach gefragt, Brissot und andere Girondisten nicht zu kennen, wohl aber seit fünfzehn Jahren Vergniaud, der soeben eingekerkert worden ist. Sie habe, so sagt sie ferner, in letzter Zeit unter anderem mit Mercier und Cubières zu Mittag gegessen.

Das Ende der Unterhaltung ist abrupt: »Führt Madame«, sagt Marinon, »in die Zelle, niemand darf mit ihr sprechen.« So kommt sie in die Zelle Nr. 10 im Rathaus, in Gesellschaft eines Gendarmen, der sie Tag und Nacht zu bewachen hat. Dort schreibt sie einen Brief an ihren ehemaligen Liebhaber Cubières, doch dieser »Ehrenmann« weiß besser als sie, was die Stunde geschlagen hat: Er antwortet ihr erst gar nicht. Statt dessen publiziert er etwa zur selben Zeit ein Gedicht zu Ehren Marats; das wiederum veranlaßt Madame Roland, die seit dem 2. Juni anstelle ihres auf der Flucht befindlichen Mannes im Gefängnis sitzt, zu der verächtlichen Äußerung, dieser Mensch »predigt den Haß wie er früher die Grazien besungen hat«.

Cubières wußte, daß Olympe nicht mehr zu retten war. Denn mit ihren ›Drei Urnen‹ hatte sie tatsächlich den Artikel 1 eines Gesetzes vom 29. März 1793 verletzt, in dem es hieß: »Jeder, der überführt wird, Werke oder Schriften verfaßt oder gedruckt zu haben, die eine Auflösung der Nationalvertretung, die Wiederherstellung des Königtums oder eines wie immer gearteten Regimes provozieren, das gegen die Souveränität des Volkes gerichtet ist, wird vor das Revolutionstribunal geführt und mit dem Tode bestraft.« Eben dies hatte sie getan.

In den ›Drei Urnen‹ betrachtet Olympe den Nationalkonvent, selbst die Republik, nicht als etwas Unantastbares. Sie will auf dem Höhepunkt des nicht erklärten, blutigen Bürgerkrieges die Einheit des Volkes und damit auch die Moral der Revolution dadurch wiederherstellen, indem sie eine Volksbefragung – daher der Titel ›Drei Urnen‹ – durchzuführen plant. Auf der einen Urne sollte »Monarchie« stehen, auf der zweiten »Republikanische Regierung, eins und unteilbar«, auf der dritten »Föderative Regierung«. Sie zweifelt zwar daran, daß die zentralistische Republik die Regierungsform ist, die die Franzosen sich wünschen, doch: »Jeder einzelne soll sich frei und ohne Scheu dazu äußern, ob er die Republik will oder nicht.« Es sollen daher Urversammlungen in allen Departements stattfinden, in denen darüber entschieden wird, welche Regierungsform, die dem »Charakter, den Sitten und dem Klima der Franzosen am ehesten entspricht«, die Mehrheit erhalte; die solle dann in Frankreich eingeführt werden.

Olympe mußte sich darüber im klaren sein, welche Gefahr sie lief. Deswegen stellt sich die Frage, ob sie wußte, daß sie sich gegen die Gesetze verging; ob ihr vielleicht das neue Gesetz während eines Aufenthaltes in der Provinz entgangen war oder ob sie des Glaubens war, man werde es nicht wagen, sich an ihr zu vergreifen. Für die zweite Annahme spricht die Tatsache, daß sie sich mit dem Hinweis verteidigte, es könne doch nichts Unrechtes gewesen sein, was sie vorgehabt habe. Schließlich habe sie auch ein Exemplar an die Kommune schicken wollen.

Wie auch immer: Die Behandlung, die sie erfährt, macht ihr den Ernst der Lage schnell klar. Eine Woche später wird ihre Wohnung durchsucht; sie selbst weist die erfolglos suchenden Beamten darauf hin, daß ihre Schriften im dritten Stock zu finden seien. Damit glaubt sie sich entlastet, denn »alle meine Papiere, Manuskripte und Drucksachen atmeten Patriotismus und Republikanismus«. Doch dann wird sie eine weitere Woche später, am 28. Juli, in das neugeschaffene Frauengefängnis von Saint-Germain-des-Prés überführt, in eine Zelle, deren Wände, wie es heißt, noch vom Blut der Septembermorde getränkt waren.

Auch von diesem Gefängnis aus versucht sie mit der Außenwelt in Kontakt zu treten. Eine weitere Woche später wird sie vor das Revolutionstribunal und den Öffentlichen Ankläger Fouquier-Tinville geführt. Mercier gibt von ihm folgende Beschreibung: »Dieses Monster mit einem menschlichen Gesicht hatte einen runden Kopf, schwarze glatte Haare, eine schmale und blasse Stirn, kleine und runde kastanienbraune Augen, ein volles und pockennarbiges Gesicht mit einem manchmal schrägen Blick und war von mittlerer Größe, ziemlich untersetzt.«

Der Vorsitzende des Tribunals läßt sich auf keine Diskussion ein und fragt Olympe, ob sie nicht wisse, daß sich seit einem halben Jahr jeder außerhalb des Gesetzes stelle, der eine andere als eine zentralistische Republik wolle. »Mein Plan für dieses Plakat war schon fast fertig, bevor die neue Verfassung verabschiedet wurde«, antwortet Olympe, »ich wollte mit meinem Plan den Aufständen in den Provinzhauptstädten, in Bordeaux, Lyon, Marseille, Toulouse, Calvados, begegnen. Und damit der Spaltung in den Parteien entgegenwirken.« Fouquier-Tinville macht sie darauf aufmerksam, daß sie, falls ihr Plan ausgeführt worden wäre, das Gegenteil bewirkt hätte, denn die Parteien hätten sich aller Voraussicht nach während des Wahlkampfes zerfleischt. Olympe erwidert, ihre ganze Vergangenheit sei ein Garant dafür, daß sie von patriotischen Absichten beseelt sei; doch nun spürt sie wohl, daß sie in höchster Gefahr ist. Sie verlangt nach einem Anwalt.

Am Tag darauf stürzt sie im Gefängnis, die Wunde fängt an zu eitern; niemand ist bereit, ihr zu helfen. Durch diesen Vorfall gelingt es ihr, ein Manuskript aus dem Gefängnis herauszubringen, von dem ein Mitgefangener sagt: »Wenn Sie das an die Mauern von Paris kleben lassen, dann wird Sie das auf die Guillotine führen.« Dennoch sieht man seit dem 15. August rote Plakate an den Mauern kleben, mit der Überschrift ›Olympe de Gouges vor dem Revolutionstribunal‹. Unter anderem liest der erstaunte Bürger dort: »Robespierre erschien mir immer wie ein Ehrgeizling ohne Genie und ohne Ideal. Ich habe ihn immer als einen angesehen, der bereit ist, die gesamte Nation zu opfern, um eine Diktatur zu erreichen; ich konnte diesen wahnwitzigen und blutdürstigen Ehrgeiz nicht ertragen und habe ihn verfolgt, so wie ich die Tyrannen verfolgt habe.«

Diese und andere »Freundlichkeiten«, auch an die Adresse von Fouquier-Tinville, ihren Ankläger, gerichtet, genügen anscheinend noch immer nicht, um ihr den Prozeß zu machen. Es sieht so aus, als habe die Aufmerksamkeit, die ihr Fall erregt, sie für eine gewisse Zeit vor dem Schafott gerettet. Möglicherweise sind es gerade die persönlichen Beleidigungen, die direkten Angriffe auf Robespierre und Fouquier-Tinville, die es jenen geraten erscheinen lassen, daß der Prozeß gegen Olympe nicht als ein Fall persönlicher Rache erscheint.

Aber sie, die Ungeduldige, wird noch ungeduldiger. Nicht einmal die Ärzte bleiben von ihrer Unzufriedenheit verschont. Als sie ihr Blut abnehmen wollen, verlangt sie, sich zuerst einmal waschen zu dürfen; und außerdem verlange ihr schlechter Gesundheitszustand eine Verwahranstalt mit besten hygienischen Bedingungen. Fouquier-Tinville gibt für den Augenblick auf und läßt sie in das Frauengefängnis der Petite-Force im Marais verlegen. Dort lernt sie Stephanie de Kolly kennen, die schon drei Monate zuvor zum Tode verurteilt worden ist, aber aufgrund ihrer Schwangerschaft von der Hinrichtung verschont blieb. Das merkt sich Olympe.

Die Haft macht Olympe, die gewohnt ist, sich ständig zu bewegen, fast wahnsinnig. Sie verfolgt nicht nur das Revolutionstribunal mit ihren Briefen – das führt immerhin dazu, daß man sie in eine psychiatrische Krankenanstalt mit erträglichen Haftbedingungen verlegt –, sondern auch sämtliche achtundvierzig Sektionen der Kommune. Doch keine Stimme erhebt sich für sie, auch nicht, als es ihr noch einmal gelingt, einen Anschlag in Paris plakatieren zu lassen, in dem sie unter anderem von einem kommenden Massaker in den Gefängnissen spricht.

Das »Krankenhaus« kommt sie teuer zu stehen; sie verpfändet ihren Schmuck. Es ist abzusehen, daß sie bald nicht mehr für die Kosten aufkommen kann. Ob sie noch einmal einen Geliebten fand? Möglich wäre es gewesen, darüber sind sich die Zeitzeugen einig. Und Olivier Blanc schreibt dazu: »Es ist denkbar, daß die schöne Olympe Stärkung und Ruhe in den Armen eines Gefangenen, Marcus Théodore Gérard, Autor wie sie von patriotischen Schriften, oder des zukünftigen Generals und Grafen des Empire, Hulin, der 1789 als erster in die Bastille eingedrungen war, gefunden hat.«

Zumindest fühlt sie sich im Haus der Bürgerin Mahaye wohl, einer Art Pflegeheim, in das sie sich mit ihrem letzten Geld eingemietet hatte. »Ich war frei wie bei mir. Ich hätte fliehen können; meine Feinde und meine Henker wissen es. Aber … ich habe selbst mein Urteil herausgefordert«, schreibt sie in ihrem letzten Brief an ihren Sohn.

Am 16. Oktober stirbt Marie Antoinette, der sie ihre ›Erklärung der Frauenrechte‹ gewidmet hatte, unter dem Fallbeil; am 30. Oktober folgen einundzwanzig Girondisten, ihre politischen Freunde, drei Tage später geht

Olympe ihren letzten Gang, die erste Frau nach der Königin.

Es ist nicht leicht zu entschlüsseln, mit welchen Gefühlen sie fast vier Monate lang in den Gefängnissen der Republik in Haft gesessen hat. Schließlich haben wir Anzeichen dafür, daß sie ihren Tod nicht nur geahnt, sondern vielleicht sogar gesucht hat. Es war nicht der Tod, den sie fürchtete; vielmehr fürchtete sie, unbemerkt unterzugehen, zu krepieren unter dem gesichtslosen Terror. Es mag sein, daß sie – isoliert von dem, was auf den Straßen von Paris vor sich ging – tatsächlich glaubte, man werde sich nicht an ihr vergreifen. Der Henker Samson schreibt in seinen Erinnerungen: »In dieser Zeit, in der Männerhände die Schreibfeder gegen die Sieger sinken ließen, mußte sie sich darauf beschränken, ihre Gefühle auf die Anschläge drucken zu lassen, die sie an die Mauern von Paris kleben ließ.«

Wer eigentlich wagte es außer ihr noch, seine Schmähungen gegen die Herrschenden aus dem Gefängnis heraus anzuschlagen? Auf besagter Wandzeitung vom 20. August hatte sie von »gemeinen Denunzianten, käuflichen Hofschranzen, Eintagsrepublikanern und Aposteln der Gewalt« gesprochen. Es war tatsächlich so, wie es auf diesem letzten Plakat stand: »Noch ehe ich vor dem Revolutionstribunal erscheinen konnte, stand das Urteil bereits fest, hatte doch der Wohlfahrtsausschuß ... entschieden, ich sei binnen acht Tagen zu guillotinieren.« Es kann sein, daß sie daraus die falschen Schlüsse zog; es kann aber ebenso sein, daß sie seitdem wußte, daß sie, was immer sie tat, nichts mehr zu verlieren hatte.

Sie muß lange warten. Ihr Fall wird erst am 2. November vor dem Revolutionstribunal verhandelt. Schon am 28. Oktober war sie in die Conciergerie auf der Île de la Cité, wenige Schritte von ihrer Wohnung entfernt, verlegt worden, aus der im Regelfall niemand mehr lebend herauskam. Noch heute lassen die schweren, mittelalterlichen Gewölbe den Atem stocken. Durch die düsteren, hallenden Gänge wird sie in den »Saal der Gleichheit« geführt, wo auch schon Charlotte Corday verurteilt worden ist. Trotz der Morgenstunde sind die Tribünen schon voll von Neugierigen, vor allem Frauen.

Sie ist müde und krank, doch gefaßt und ruhig. Der Vertreter von Fouquier-Tinville behauptet in seiner Anklagerede, sie sei nur eine Agentin für verschiedene Hintermänner, habe selbst noch im Gefängnis ihre Angriffe auf die verfassungsmäßigen Organe fortgesetzt und Freunde wie Verteidiger des Volkes und der Freiheit verleugnet, zuletzt in den ›Drei Urnen‹. Olympe operiert geschickt auf ihrer alten Verteidigungslinie: Ihr Ziel sei es immer gewesen, die tiefen Verwundungen Frankreichs zu heilen; sie ziehe, auch wenn sie zur Wahl aufgerufen habe, dennoch die Republik vor. Da wirft ihr der Ankläger vor, sie habe in ihrem Drama ›Das gerettete Frankreich‹ der Königin Marie-Antoinette freiheitsfeindliche Äußerungen in den Mund gelegt. Darauf erwidert sie, schließlich sei die Königin die Königin und nicht eine Bürgerin; deswegen könne sie auch nicht anders sprechen.

Drei Zeugen sind aufgeboten, der Pflichtverteidiger hat sich geweigert zu erscheinen. Sie fordert einen neuen. Doch der Richter erklärt: »Sie sind durchaus fähig, das selbst zu übernehmen.« Und sie tut es. »Furchtbares Gericht«, sagt sie, »vor dem das Verbrechen erzittert und selbst die Unschuld, ich rechne auf deine ganze Strenge, falls ich schuldig bin. Aber höre die Wahrheit ... Ich bin eine Frau, ich fürchte den Tod, noch mehr die Hinrichtung, aber ich habe keine Geständnisse zu machen, und nur aus der Liebe zu meinem Sohn schöpfe ich meinen Mut. Zu sterben, um seine Aufgaben zu erfüllen heißt, seine Mutterschaft über das Grab hinaus zu verlängern.«

Alle Augenzeugen sind sich darin einig, daß sie auch in diesen letzten Stunden geschickt, intelligent, temperamentvoll gesprochen hat. Sie gibt schnelle Antworten, die selbst das ursprünglich feindlich gestimmte Auditorium zum Beifall herausfordern. Zeitgenossen schreiben, sie hätte wohl das Gericht in Bedrängnis gebracht, wenn man nicht ihre Verteidigung beschnitten hätte.

Im Hinblick auf das, was folgt, möchte man glauben, daß sie noch Chancen für sich gesehen hat. Während der Ankläger die Punkte zusammenfaßt, die gegen sie sprechen, zuckt sie mit den Schultern, lächelt dem Publikum zu, erhebt sie die Augen zum Himmel. Doch nur zwei Fragen müssen die neun Richter am Schluß bejahen können, um sie der Guillotine zu überantworten: 1. Sind in den Prozeß Schriften eingeführt worden, mittels derer versucht werden sollte, die Volkssouveränität zu beseitigen? 2. Ist Olympe de Gouges, die sich Witwe Aubry nennt, für schuldig befunden, die Urheberin dieser Schriften zu sein? Beide Fragen bejaht das Gericht einstimmig. Das ist das Todesurteil.

Letzte Stunden

Doch Olympe de Gouges wäre nicht Olympe de Gouges, ginge ihr Leben so wie das anderer Angeklagter zu Ende. Sie hat, nun fünfundvierzig Jahre alt, ihren Sinn für dramatische Steigerungen bis zum letzten Augenblick bewahrt, springt auf und ruft in den Saal: »Meine Feinde werden sich nicht rühmen können, mein Blut fließen zu sehen; ich bin schwanger, ich werde der Republik einen Bürger oder eine Bürgerin schenken.« Nach einigen Augenblicken der Verblüffung sieht sich das Gericht nunmehr gezwungen zu verkünden, die Bürgerin Gouges werde von Chirurgen, Geburtshelfern und bestellten Hebammen auf ihre Behauptung hin untersucht werden.

Doch die Medizin der Zeit ist noch nicht in der Lage, eine erst seit kurzem bestehende Schwangerschaft zu bestätigen. Die Ärzte wie die Hebamme widersprechen

Olympe nicht; sie stellen nur fest, daß es ihnen unmöglich sei, ihre Behauptung zu bekräftigen oder zu widerlegen. Doch da Olympe für die Guillotine vorgesehen ist, erklärt der Ankläger, die Zustände in den Gefängnissen seien derart, daß eine Begegnung von Mann und Frau gar nicht habe stattfinden können. Was, wie jedermann im Saale weiß, eine glatte Lüge ist.

Denn sogar von der Conciergerie, in der die meisten Inhaftierten das Todesurteil schon in der Tasche haben, heißt es in einem Augenzeugenbericht: »Am Abend war alles günstig: die zunehmende Dunkelheit, die Müdigkeit der Gefängniswärter, die Abwesenheit der Mehrzahl der Gefangenen, die schon zu Bett gegangen waren, und die Diskussionen der anderen. In der friedlichen Stunde, die der Nacht vorausgeht, wurde mehr als einmal die Unvorsichtigkeit des Künstlers gesegnet, der das Gitter entworfen hatte. Und dennoch hatten diese Menschen, die solch unerklärlicher Hingabe fähig waren, ihre Todesurteile in der Tasche ... Sie gaben sich in dieser letzten Nacht der Liebe hin, tranken den Becher der Wollust noch einmal bis zur Neige und rissen sich voneinander los, um den unheilvollen Karren zu besteigen.« Das war die Realität.

Der große französische Historiker Michelet hat über die Situation, in der sich Olympe jetzt befindet, einige der dümmsten Sätze geschrieben, die ihm je aus der Feder geflossen sind: »Ein trauriger Rückschlag der Natur, dem auch die Unerschrockensten nicht immer entgehen, ließ sie erschlaffen, Tränen benetzten sie, sie wurde wieder Weib und schwach; sie zitterte und hatte Angst vor dem Tode.« Was ja nichts anderes bedeutet als dies: Todesangst hat nur das schwache Geschlecht. Von den Fakten, die Michelet widersprechen, aber einmal ganz abgesehen: Olympe war immer »Weib«, sie mußte es nicht erst wieder werden, um weinen zu können.

Im übrigen gibt es für die eine wie die andere Art, dem Tode entgegenzusehen, gerade in der Französischen Revolution die unterschiedlichsten Beispiele. Das rührendste ist vielleicht das jener kleinen Pariser Dirne, die einem greinenden Herzog und ehemaligen Oberst der Palastwache sagt: »Schämen Sie sich! Sie weinen? Lernen Sie, Herr Herzog, daß diejenigen, die keinen Titel haben, hier einen erwerben, und daß die, die einen haben, verstehen müssen, ihn zu behalten.« Olympe hat versucht, was sie konnte, um der Guillotine zu entgehen – das war alles.

Sie verbringt die letzten Stunden, die nach dem Urteil bleiben, wie sie die vergangenen Jahre verbracht hat: schreibend. Die letzten Zeilen des letzten Briefes an ihren Sohn sind eines der wenigen persönlichen handschriftlichen Zeugnisse, die sie hinterlassen hat. Sie schreibt auch noch einmal an Hérault de Séchelles; aber sie weiß noch nicht, daß er als Präsident des Nationalkonvents abgewählt worden ist. Ihn bittet sie um Nachrichten über ihren Sohn Pierre. »Da ich für die Lebenden tot bin, kann ich Nachrichten nur noch über den Konvent empfangen; er wird mir diesen Akt der Menschlichkeit nicht verweigern.« Doch Hérault, der – mit Recht – um seinen Kopf zittert, schreibt an das Revolutionsgericht, er wisse nicht, was diese Frau von ihm wolle, und »ich weiß auch nicht, was, lieber Himmel, ich getan habe, daß sie mich in ihren ›Drei Urnen‹ apostrophiert hat«. Im übrigen blieb auch keine Zeit mehr.

Im Morgengrauen des 3. November diktiert sie den letzten Brief an ihren Sohn. Noch einmal wirft sie all die Fragen auf, die mit ihrem Prozeß zusammenhängen, noch einmal bemüht sie sich, dem Sohn gegenüber ihre Unschuld zu beteuern, zu beweisen also, daß sie seit 1789 nie einem anderen politischen Ideal als dem der Revolution gedient habe. Und noch einmal täuscht sie sich, die ihren Sohn über alles liebt, in dem, was sie für ihn gewesen ist.

»Adieu, mein Sohn«, schreibt sie, »ich werde nicht mehr am Leben sein, wenn du diesen Brief erhältst. Gib deine Stellung auf, um die Ungerechtigkeit, die deiner Mutter widerfahren ist, um das Verbrechen, das man an ihr verübt hat, zu rächen.« Von eigener Hand setzt sie hinzu: »Ich sterbe, mein Sohn, mein geliebter Sohn, ich sterbe unschuldig. Alle Gesetze hat man verletzt für die tugendhafteste unter den Frauen ...« Die ungelenk geführte Feder rutscht ihr weg. Die letzten Zeilen bleiben unleserlich. Dann tritt sie – eine »heroisch Verrückte«, wie die Brüder Goncourt ein Jahrhundert später meinen – den Weg zum Schafott an.

Der Bürger Pierre Aubry verfaßt am 17. Brumaire des Jahres II der Revolution (7. November 1793) ein bürgerliches ›Glaubensbekenntnis‹, in dem er erklärt, daß er die Schriften seiner Mutter mißbillige, daß er das Urteil des Revolutionstribunals als gerecht empfinde, daß er Olympe de Gouges nicht mehr als seine Mutter anerkenne und daß er deshalb aus seinen Papieren den Namen dieser Frau streichen wolle, die ihn erröten lasse vor Scham, wenn er nur an sie denke ...

Olympe de Gouges' ›Erklärung der Rechte der Frau und der Bürgerin‹ von 1791

Die ›Erklärung der Rechte der Frau und der Bürgerin‹, obwohl vom Anlaß her nur eine Gelegenheitsschrift, ist das Werk, mit dem Olympe de Gouges in die Geschichte – nicht nur der Frauenbewegung – eingegangen ist. Denn sie war die einzige, die die Männer autoritativ daran erinnerte, was sie den Frauen der Revolution schuldig geblieben waren. Was den Rang dieser Schrift angeht, schreibt Ute Gerhard: »Die ›Erklärung der Rechte der Frau und Bürgerin‹ ... ist das ... rechtshistorische Dokument, das der männlichen Verengung des Gleichheitsbegriffs systematisch entgegentritt.« Dieselbe Autorin spricht weiter von einem »einmaligen Beweisstück weiblicher Rechtsbehauptung«.

Aus den Angaben der Schrift ergibt sich, daß die ›Erklärung‹ zwischen dem 10./11. und dem 13. September 1791 beendet worden sein muß. Dies deshalb, weil Talleyrand den am Schluß der ›Erklärung‹ erwähnten Bericht über die öffentliche Erziehung am 10., 11. und 19. September vor der Nationalversammlung vorgetragen und König Ludwig XVI. die Verfassung von 1791 am 13. September unterschrieben hat. Olympe de Gouges hat, wie sie am Ende schreibt, die Druckpressen noch einmal anhalten lassen, um diesen Sachverhalt den Druckfahnen in einem Postskriptum hinzuzufügen.

Artikel für Artikel wird der männlichen Position die weibliche entgegengesetzt. Was es damit auf sich hat, soll hier nur anhand des Artikels IV der beiden ›Erklärungen‹ verdeutlicht werden. Die »männliche« Fassung lautet: »Die Freiheit besteht darin, alles tun zu können, was einem anderen nicht schadet. So hat die Ausübung der natürlichen Rechte eines jeden Menschen nur die Grenzen, die den anderen Gliedern der Gesellschaft den Genuß der gleichen Rechte sichert. Diese Grenzen können allein durch das Gesetz festgelegt werden.« Olympes Text lautet dagegen: »Freiheit und Gerechtigkeit bestehen darin, den anderen das zurückzugeben, was ihnen zusteht. So wird die Frau an der Ausübung ihrer natürlichen Rechte nur durch die fortdauernde Tyrannei, die der Mann ihr entgegensetzt, gehindert. Diese Schranken müssen durch Gesetze der Natur und Vernunft revidiert werden.«

Das »Gesamtkunstwerk« ›Erklärung der Rechte der Frau und der Bürgerin‹ gibt mit seiner Widmung an die Königin, dem eingeschobenen ›Gesellschaftsvertrag‹ und den verschiedenartigen Bemerkungen einen anschaulichen Eindruck von der farbigen, auch sprunghaften und zuweilen etwas fahrigen Art, mit der Olympe de Gouges ihre Gedanken auf das Papier warf, oder der Art, wie sie ihrem Sekretär diktierte.

Die Erklärung der Rechte der Frau und der Bürgerin

Für die Königin

Fern von der Sprache, mit der man zu Königen spricht, werde ich mich nicht der Schmeichelei der Höflinge befleißigen, um Ihnen dieses eigenartige Werk zu widmen. Meine Absicht, Madame, ist es, frank und frei mit Ihnen zu reden. Um mich solcherart zu äußern, brauchte ich nicht erst die Zeit der Freiheit abzuwarten; ich habe mich mit gleicher Kraft in einer Zeit hervorgetan, in der die Verblendung der Despoten eine so noble Kühnheit mit Strafe belegte.

Als das ganze Königreich Sie verurteilte und Sie für sein Elend verantwortlich machte, war in dieser Zeit der Verwirrung und des Aufruhrs allein ich es, die die Kraft aufbrachte, Ihre Verteidigung zu übernehmen. Ich konnte mich niemals zu der Überzeugung durchringen, daß eine Fürstin, die im Schoße der Größe aufgewachsen war, alle nur denkbaren Laster der Niedertracht auf sich vereinigen sollte.

Ja, Madame, als ich sah, daß man das Schwert gegen Sie zückte, da habe ich meine Bemerkungen zwischen dieses Schwert und sein Opfer geworfen; aber heute, wo man die Masse der gedungenen Aufwiegler unter Kontrolle hat und sie von der Furcht vor den Gesetzen zurückgehalten werden, da werde ich Ihnen, Madame, das sagen, was ich damals nicht gesagt hätte.

Falls das Ausland Feuer und Schwert nach Frankreich trägt, sind Sie in meinen Augen nicht mehr die zu Unrecht angeklagte Königin, die auf unserer Seite steht, sondern eine unnachsichtige Feindin der Franzosen. Ach, Madame, denken Sie daran, daß Sie Mutter und Ehefrau sind, verwenden Sie all Ihr Ansehen darauf, daß die Fürsten wieder zu uns zurückkehren. Dieses Ansehen, besonnen angelegt, bewahrt dem Vater die Krone, erhält sie dem Sohn und bringt Sie wieder in Einklang mit der Liebe der Franzosen. Eine solche würdige Vermittlung ist die wahre Aufgabe einer Königin. Die Intrige, die Kabale, die blutgetränkten Pläne würden, müßte man den Verdacht haben, Sie seien zu derartigen Absichten fähig, Ihren Sturz beschleunigen.

Möge ein edles Bestreben, Madame, Sie auszeichnen, Ihren Ehrgeiz aufstacheln und Ihren Blick gefangennehmen. Nur einer Frau, die der Zufall auf einen hohen Platz emporgehoben hat, gebührt es, dem Aufschwung der Rechte der Frau Gewicht zu verleihen und deren Erfolg zu beschleunigen. Wären Sie weniger gebildet, Madame, dann müßte ich befürchten, daß Ihre ständischen Interessen den Sieg über die Ihres Geschlechts davontragen könnten. Sie lieben den Ruhm: Doch denken Sie daran, Madame, daß die größten Verbrechen ebenso unsterblich werden wie die größten Tugenden; aber welche Unterschiede an Berühmtheit in den Tagen der Geschichte! Die eine wird ständig als Beispiel zitiert, die andere ist für immer und ewig des Abscheus des Menschengeschlechtes sicher.

Niemals wird es Ihnen zum Schaden gereichen, an der Wiederherstellung der guten Sitten mitgearbeitet zu haben und Ihrem Geschlecht jene Charakterstärke wiedergegeben zu haben, dessen es fähig ist. Dieses Stück Arbeit ist auch unter dem neuen Regime unglücklicherweise nicht die Arbeit eines einzigen Tages. Diese Revolution wird sich nur dann verwirklichen lassen, wenn alle Frauen von ihrem beklagenswerten Schicksal und vom Verlust ihrer Rechte in der Gesellschaft überzeugt sind. Unterstützen Sie, Madame, eine so gute Sache; verteidigen Sie dieses beklagenswerte Geschlecht, und Sie werden bald die eine Hälfte des Königreiches ganz auf Ihrer Seite haben und von der anderen Hälfte zumindest ein Drittel.

Sehen Sie daher, Madame, durch welche Taten Sie auf

sich aufmerksam machen müssen und für was Sie Ihr Ansehen verwenden sollen. Glauben Sie, Madame, unser Leben ist nicht viel wert, und besonders nicht für eine Königin, wenn dieses Leben nicht verschönt wird durch die Liebe zum Volk und durch den ewigen Anreiz zur Wohltätigkeit.

Wenn es wahr sein sollte, daß es Franzosen gibt, die alle Kräfte gegen ihr Vaterland in Bewegung setzen, muß man fragen, warum ist das so? Wegen frivoler Vorrechte, wegen irgendwelcher Hirngespinste. Glauben Sie mir, Madame, wenn es danach gehen sollte, wie ich empfinde, dann wird sich die monarchistische Partei von selbst zerstören, alle Tyrannen werden ein Nichts sein, und alle Herzen werden sich um das Vaterland scharen, um es zu verteidigen.

Sehen Sie also, Madame, sehen Sie, was ich für Prinzipien habe. Sobald ich von meinem Vaterland rede, verliere ich das Ziel meiner Widmung aus dem Auge. Ebenso opfert jeder gute Bürger seinen Ruhm, seine Vorteile, wenn er die seines Vaterlandes im Sinne hat.

Ich bin mit tiefstem Respekt, Madame,
Ihre sehr bescheidene und sehr gehorsame Dienerin

de Gouges

Die Rechte der Frau

Mann, bist du fähig, gerecht zu sein? Eine Frau stellt diese Frage. Dieses Recht zumindest wirst du ihr nicht nehmen können. Sag mir, wer hat dir die selbstherrliche Macht verliehen, mein Geschlecht zu unterdrücken? Deine Kraft? Deine Talente? Betrachte den Schöpfer in seiner Weisheit. Durchlaufe die Natur in all ihrer Majestät, die Natur, der du dich nähern zu wollen scheinst, und leite daraus, wenn du es wagst, ein Beispiel für diese tyrannische Herrschaft ab. Geh zu den Tieren, befrage die Elemente, studiere die Pflanzen, wirf schließlich einen Blick auf den Kreislauf der Natur und füge dich dem Beweis, wenn ich dir die Mittel dazu in die Hand gebe. Suche, untersuche und unterscheide, wenn du es kannst, die Geschlechter angesichts der Ordnung der Natur. Überall wirst du sie unterschiedslos zusammenfinden; überall arbeiten sie als eine harmonische Gemeinschaft an diesem unsterblichen Meisterwerk.

Nur der Mann hat sich aus der Ausnahme ein Prinzip zurechtgeschneidert. Extravagant, blind, von den Wissenschaften aufgeblasen und degeneriert, will er in diesem Jahrhundert der Aufklärung und des Scharfsinns in krassester Unwissenheit und despotisch über ein Geschlecht herrschen, das alle intellektuellen Fähigkeiten sein eigen nennt. Es ist dieses Geschlecht, das Nutzen aus der Revolution ziehen und sein Anrecht auf Gleichheit geltend machen will, um nicht noch mehr zu sagen.

Erklärung der Rechte der Frau und der Bürgerin

Von der Nationalversammlung am Ende dieser oder in der nächsten Legislaturperiode zu verabschieden.

Präambel

Wir, die Mütter, Töchter, Schwestern, Vertreterinnen der Nation, verlangen, in der Nationalversammlung vertreten zu sein. In Anbetracht dessen, daß Unkenntnis, Vergessen oder Mißachtung der Rechte der Frauen die alleinigen Ursachen öffentlichen Elends und der Korruptheit der Regierungen sind, haben wir uns entschlossen, in einer feierlichen Erklärung die natürlichen, unveräußerlichen und heiligen Rechte der Frau darzulegen, damit diese Erklärung allen Mitgliedern der Gesellschaft ständig vor Augen sei und sie unablässig an ihre Rechte und Pflichten erinnere; damit die Machtausübung von Frauen ebenso wie jene von Männern jederzeit am Zweck der politischen Einrichtungen gemessen und somit auch mehr geachtet werden kann; damit die Beschwerden von Bürgerinnen, nunmehr gestützt auf einfache und unangreifbare Grundsätze, sich stets zur Erhaltung der Verfassung, der guten Sitten und zum Wohl aller auswirken.

Das an Schönheit wie an Mut im Ertragen der Leiden der Mutterschaft überlegene Geschlecht anerkennt und erklärt daher in Gegenwart und mit dem Beistand des Allmächtigen die folgenden Rechte der Frau und Bürgerin:

Artikel I
Die Frau ist frei geboren und bleibt dem Manne gleich an Rechten. Die sozialen Unterschiede dürfen allein im Gemeinwohl begründet sein.

Artikel II
Ziel und Zweck jedes politischen Zusammenschlusses ist der Schutz der natürlichen und unveräußerlichen Rechte sowohl der Frau als auch des Mannes. Diese Rechte sind: Freiheit, das Recht auf Eigentum, Sicherheit und besonders das Recht auf Widerstand gegen Unterdrückung.

Artikel III
Das Prinzip jeder Herrschaft ruht wesentlich in der Nation, die nichts anderes darstellt als eine Vereinigung von Frauen und Männern. Keine Körperschaft und keine Einzelperson kann Autorität ausüben, die nicht ausdrücklich daraus hervorgeht.

Artikel IV
Freiheit und Gerechtigkeit bestehen darin, den anderen das zurückzugeben, was ihnen zusteht. So hat die Ausübung der natürlichen Rechte der Frau ihre Grenze allein in der fortdauernden Tyrannei, die der Mann ihr entgegensetzt. Diese Schranken müssen durch Gesetze der Natur und Vernunft verändert werden.

Artikel V
Die Gesetze der Natur und Vernunft schließen jede Handlung, die für die Gesellschaft schädlich sein könnte, aus. Alles, was durch diese weisen und göttlichen Gesetze nicht verboten ist, darf nicht behindert werden, und niemand darf gezwungen werden, etwas zu tun, was diese Gesetze nicht vorschreiben.

Artikel VI
Das Gesetz soll Ausdruck des allgemeinen Willens sein. Alle Bürgerinnen und Bürger sollen persönlich oder durch ihre Vertreter an seiner Gestaltung mitwirken. Es muß für alle gleich sein. Da alle Bürgerinnen und Bürger gleich sind vor den Augen des Gesetzes, müssen sie gleichermaßen nach ihren Fähigkeiten, ohne andere Unterschiede als die ihrer Tugenden und Talente zu allen Würden, Ämtern und Stellungen im öffentlichen Leben zugelassen werden.

Artikel VII
Keiner Frau sollen Sonderrechte eingeräumt werden. Sie wird verklagt, in Haft genommen und in den durch das Gesetz bestimmten Fällen in Haft gehalten. Frauen unterstehen den gleichen Strafgesetzen wie Männer.

Artikel VIII
Das Gesetz soll nur Strafen verhängen, die unumgänglich und offensichtlich notwendig sind, und niemand darf bestraft werden, außer mittels eines rechtsgültigen Gesetzes, das bereits vor der Tat in Kraft war und das rechtmäßig auf Frauen angewandt wird.

Artikel IX
Gegenüber jeder Frau, die für schuldig befunden wurde, muß das Gesetz mit aller Strenge angewandt werden.

Artikel X
Niemand darf wegen seiner Meinung, auch wenn sie grundsätzlicher Art ist, verfolgt werden. Die Frau hat das Recht, das Schafott zu besteigen. Sie muß gleichermaßen das Recht haben, die Rednertribüne zu besteigen, vorausgesetzt, daß ihre Handlungen und Äußerungen die vom Gesetz gewährte öffentliche Ordnung nicht stören.

Artikel XI
Die freie Gedanken- und Meinungsäußerung ist eines der kostbarsten Rechte der Frau, denn diese Freiheit ermöglicht das offene Bekenntnis zur Vaterschaft an ihren Kindern. Jede Bürgerin kann folglich in aller Freiheit sagen: »Ich bin die Mutter eines Kindes, das du gezeugt hast«, ohne daß ein barbarisches Vorurteil sie zwingt, die Wahrheit zu verschleiern. Stets jedoch mit dem Vorbehalt der Haftung im Falle des Mißbrauchs dieser Freiheit in den durch das Gesetz bestimmten Fällen.

Artikel XII
Die Garantie der Rechte der Frau und Bürgerin ist durch einen höheren Nutzen erforderlich. Diese Garantie soll zum Vorteil aller und nicht zum persönlichen Vorteil derjenigen dienen, denen diese Rechte anvertraut sind.

Artikel XIII
Zum Unterhalt der Polizei und für die Verwaltungskosten tragen Frauen und Männer gleichermaßen bei. Weil die Frau teilhat an allen Pflichten und Lasten, muß sie ebenso teilhaben an der Verteilung der Posten und Arbeiten in niederen und hohen Ämtern und im Gewerbe.

Artikel XIV
Die Bürgerinnen und Bürger haben das Recht, selbst oder durch ihre Repräsentanten über die jeweilige Notwendigkeit der öffentlichen Ausgaben zu befinden. Die Bürgerinnen können dem Prinzip, Steuern in gleicher Höhe aus ihrem Vermögen zu zahlen, nur dann beipflichten, wenn sie auch an der öffentlichen Verwaltung teilhaben und die Steuern, ihre Verwendung, ihre Einziehung und Zeitdauer mit festsetzen.

Artikel XV
Die große Masse der weiblichen Bevölkerung, die gleich der männlichen Beiträge leistet, hat das Recht, von jeder öffentlichen Instanz einen Rechenschaftsbericht über ihre Amtsführung zu verlangen.

Artikel XVI
Eine Gesellschaft, in der die Garantie der Rechte nicht gesichert und die Trennung der Gewalten nicht festgelegt ist, hat keine Verfassung. Die Verfassung ist null und nichtig, wenn die Mehrheit der Individuen, die die Nation darstellen, an ihrem Zustandekommen nicht mitgewirkt hat.

Artikel XVII
Das Eigentum gehört beiden Geschlechtern, seien sie vereint oder getrennt, sie haben darauf ein unverletzliches und heiliges Anrecht. Niemandem darf es als wahres Erbteil der Natur vorenthalten werden, es sei denn, eine öf-

fentliche, gesetzlich festgelegte Notwendigkeit mache es augenscheinlich erforderlich, dies jedoch unter der Voraussetzung einer gerechten und vorher festgesetzten Entschädigung.

Nachwort

Frau, erwache! Die Sturmglocke der Vernunft ist im ganzen Universum vernehmbar. Fordere deine Rechte ein. Das gewaltige Reich der Natur ist nicht mehr umlagert von Vorurteilen, Fanatismus, Aberglauben und von Lüge. Die Fackel der Wahrheit hat die Wolken von Dummheit und Anmaßung vertrieben. Der versklavte Mann hat zwar seine Kräfte vervielfacht, doch benötigte er die deinen, um seine Ketten zu sprengen. Befreit, ist er nun seiner Gefährtin gegenüber ungerecht geworden. Oh, ihr Frauen, ihr Frauen! Wann wird eure Verblendung endlich ein Ende haben? Welche Vorteile habt ihr aus der Revolution gezogen? Eine noch tiefere Verachtung, eine noch ausgeprägtere Geringschätzung. In den Jahrhunderten der Korruption habt allein ihr über die Schwäche der Männer geherrscht. Nun ist eure Macht zerstört; was bleibt euch denn noch? Die Überzeugung, daß die Männer ungerecht sind! Der Anspruch auf das, was euch zusteht, abgeleitet aus den weisen Gesetzen der Natur. Was hättet ihr angesichts einer so schönen Aufgabe schon zu befürchten? Den Tadel des Herrn auf der Hochzeit von Kanaan? Befürchtet ihr, daß unsere französischen Gesetzgeber, Sittenrichter über eine Moral, die lange Zeit hindurch an den Zweigen der Politik hing, doch nun nicht in Mode ist, erneut sagen: »Frauen, was gibt es schon Gemeinsames zwischen uns und euch?« – »Alles«, müßtet ihr denen nur erwidern. Und wenn sie in ihrer Schwäche darauf bestehen, mit ihren eigenen Prinzipien in Widerspruch zu geraten, dann setzt tapfer die Kraft der Vernunft dieser vergänglichen Anmaßung der Überlegenheit entgegen. Vereinigt euch unter dem Banner der Philosophie, entfaltet all eure Charakterstärke, und ihr werdet bald diese Dünkelhaften zwar nicht als unterwürfige Bewunderer, die zu euren Füßen kriechen, wohl aber stolz darauf, mit euch die Schätze des Allmächtigen teilen zu dürfen, vor euch sehen. Was immer die Hindernisse sein mögen, die man vor euch aufrichtet, es ist in eurer Macht, sie zu überwinden; ihr müßt es nur wollen.

Wenden wir uns jetzt dem entsetzlichen Bild dessen zu, was ihr einst in der Gesellschaft gewesen seid, und da im gegenwärtigen Augenblick von nationaler Erziehung die Rede ist, laßt uns darauf achten, daß unsere weisen Gesetzesväter angemessen über die Erziehung der Frauen nachdenken.

Die Frauen haben mehr Schlechtes als Gutes angerichtet. Zwang und Heimlichtuerei sind ihr Erbteil. Was ihnen die Gewalt geraubt hat, haben sie mit List zurückgeholt. Sie haben mit allen Möglichkeiten ihrer Reize gespielt, und selbst der Ehrenwerteste widerstand ihnen nicht. Auf das Gift, den Dolch, auf alles verstanden sie sich. Sie hatten teil am Verbrechen wie an der Tugend. Nicht zuletzt die französische Regierung war über die Jahrhunderte hinweg von der nächtlichen Herrschaft der Frauen abhängig. Vor ihrer Indiskretion besaß das Kabinett keinerlei Sicherheit; Botschaft, Heeresführung, Ministerium, Präsidium, Pontifikat, Kardinalswürde, also alles, womit man die Dummheit der Männer, sei sie weltlich oder kirchlich, umschreiben kann, war der Begehrlichkeit und dem Ehrgeiz dieses Geschlechtes unterworfen, das früher verachtet, doch respektiert wurde und seit der Revolution respektiert, doch verachtet wird.

Wie viele Anmerkungen zu diesem Thema hätte ich noch vorzubringen! Es bleibt mir nur ein kleiner Augenblick Zeit dafür, aber dieser Augenblick wird die Aufmerksamkeit auch noch der fernsten Nachwelt auf sich ziehen. Unter dem Ancien Régime war alles lasterhaft, war alles schuldig. Aber war die Verbesserung der Verhältnisse nicht daran abzulesen, wie sich das Wesen der Laster selbst verwandelte? Eine Frau brauchte nur schön oder liebenswert zu sein; wenn sie diese beiden Vorzüge in sich vereinigte, dann legte man ihr hundertfaches Vermögen zu Füßen. Wenn sie keinen Gebrauch davon machte, hatte sie entweder einen merkwürdigen Charakter oder eine abseitige Weltanschauung, die sie Reichtum verachten ließ. Dann hielt man sie nur für etwas verwirrt. Die Unanständigste wurde anständig durch Gold. Der Handel mit Frauen war eine Art Gewerbe, das selbst in den höchsten Klassen betrieben wurde, doch das nun kein Ansehen mehr genießt. Falls es dies noch hätte, wäre die Revolution verloren, und wir wären unter anderen Vorzeichen wieder korrupt. Aber müssen wir nicht zugeben, daß der Frau, die wie eine Sklavin der afrikanischen Küsten vom Mann gekauft wird, jeder andere Weg, zu Geld zu kommen, abgeschnitten wird? Sicher, der Unterschied ist beträchtlich: Denn diese Sklavin herrscht über den Herrn. Aber wenn dieser Herr ihr die Freiheit ohne eine Abfindung in einem Alter gibt, in dem die Sklavin jeden Reiz verloren hat, was wird dann aus der Unglücklichen? Ihr, dem Spielball der Verachtung, sind selbst die Türen der Wohltätigkeit verschlossen. Sie ist arm und alt, so sagt man, warum hat sie es nicht verstanden, Geld zu machen? Andere noch rührendere Beispiele bieten sich dem dar, der nur einmal darüber nachdenkt. Eine junge, unerfahrene Person, die von dem Mann, den sie liebt, verführt wurde, wird ihre Eltern verlassen, um ihm zu folgen. Der Unwürdige verläßt sie nach einigen Jahren, und je länger sie mit ihm alt geworden ist, desto unmenschlicher ist seine Untreue. Wenn sie Kinder hat, wird er sie genauso verlassen. Wenn er reich ist, meint er, er sei nicht verpflichtet, sein Vermögen mit seinen edlen Opfern zu teilen. Hat er sich durch Versprechen an seine Pflichten gebunden, wird er deren Gültigkeit im Vertrauen auf die Rechtslage brechen. Ist er verheiratet, so wird jede andere Verpflichtung sowieso null und nichtig. Welcher Gesetze bedarf es also, um das Laster an der Wurzel auszurotten? Es sind solche, die bestimmen, daß das Vermögen zwischen Mann und Frau geteilt wird, und solche einer öffentlichen Vermögensverwaltung. Es ist leicht erkennbar, daß diejenige, die aus einer reichen Familie stammt, bei einer Teilung viel von der Gleichheit der Geschlechter profitiert. Aber was wird aus der, die aus einer armen Familie stammt, die aber tugendhaft ist und voller Verdienste; was wird deren Los sein? Armut und Schande. Wenn sie nicht gerade ein Genie in der Musik oder der Malerei ist, hat sie keine Möglichkeit, in irgendeinem öffentlichen Amt angestellt zu werden, selbst wenn sie die Fähigkeiten dazu hätte. Ich skizziere dieses Problem hier nur. In der neuen Ausgabe meiner politischen Werke, die ich zusammen mit den Anmerkungen in wenigen Tagen dem Publikum vorstellen möchte, werde ich vertieft darauf eingehen.

So kehre ich noch einmal zum Thema der Sitten zurück. Die Ehe ist die Grabstätte des Vertrauens und der Liebe. Die verheiratete Frau kann ihrem Mann ungestraft Bastarde gebären und ihnen damit sein Vermögen, das ihnen nicht zusteht, geben. Die andere, die nicht verheiratet ist, hat kaum Rechte: Die alten und unmenschlichen Gesetze verweigerten ihren Kindern das Recht auf Namen und Vermögen ihres leiblichen Vaters; und bisher hat man in dieser Sache keine neuen Regelungen getroffen. Wenn mein Versuch, meinem Geschlecht eine achtbare und gerechte Existenzgrundlage zu verschaffen, gegenwärtig als paradox betrachtet wird, als der Versuch, das Unmögliche zu wagen, dann überlasse ich eben den Männern der Zukunft die Ehre, diese Frage einem guten Ende zuzuführen. Aber bis es soweit ist, kann man sie mittels des nationalen Bildungswesens, durch eine Erneuerung der guten Sitten und durch Eheverträge darauf vorbereiten.

Entwurf eines Gesellschaftsvertrages zwischen Mann und Frau

Wir, X. und Y., verbinden uns aus freiem Willen, solange unser Leben währt beziehungsweise für die Dauer unserer gegenseitigen Zuneigung zu den folgenden Bedingungen: Wir haben die Absicht und den Willen, unser Vermögen in Gütergemeinschaft zusammenzulegen, behalten uns jedoch das Recht vor, es zugunsten unserer Kinder und derjenigen, die aus einem anderen Verhältnis hervorgehen könnten, aufzuteilen. Wir anerkennen beiderseits, daß unser Vermögen direkt unseren Kindern gehört, aus welcher Verbindung sie immer stammen mögen, und daß alle ohne Unterschied den Namen des Vaters und der Mutter tragen dürfen, die sie als Kinder anerkannt haben. Und wir erlegen es uns beiden auf, das Gesetz anzuerkennen, das die Verleugnung des eigenen Blutes ahndet. Wir verpflichten uns desgleichen, im Falle einer Trennung unser Vermögen aufzuteilen und davon nur den gesetzlich vorgeschriebenen Erbteil unserer Kinder auszunehmen. Im Falle einer dauerhaften Verbindung wird der Ehepartner, der zuerst stirbt, die Hälfte seines Eigentums seinen Kindern überschreiben. Wenn die Ehe kinderlos bleibt, wird der Überlebende rechtmäßig alles erhalten, es sei denn, daß der Tote über die Hälfte des gemeinschaftlichen Vermögens zugunsten Dritter verfügt.

Dies etwa wäre der Wortlaut des Ehevertrages, wie er zur Anwendung gelangen soll. Ich sehe schon, wie sich bei der Lektüre dieser höchst eigenartig anmutenden Schrift die Heuchler, die Prüden, der Klerus und die ganze teuflische Brut gegen mich erheben. Aber welche moralischen Möglichkeiten wird sie dem Weisen bieten, um die Verbesserung einer ansonsten glücklichen Regierung zu erreichen! In wenigen Worten will ich den anschaulichen Beweis dafür vortragen. Der wohlhabende, kinderlose Lebenskünstler wird es bestimmt recht angenehm finden, die

Familie seines armen Nachbarn zu vergrößern. Existiert jedoch ein Gesetz, das es der Frau des Armen gestattet, den Reichen zur Anerkennung seiner Kinder zu zwingen, dann werden damit die gesellschaftlichen Bande enger geknüpft und die Sitten verbessert.* Dieses Gesetz wird möglicherweise das Gemeingut schützen und die Unordnung in Grenzen halten, die so viele Opfer in die Häuser der Schande, der Erniedrigung und der Negierung aller menschlichen Grundsätze führt, in denen die Natur seit langem seufzt. Mögen die Verleumder einer rationalen Philosophie aufhören, gegen die einfachen Sitten zu wettern, und mögen sie an der Quelle ihrer Zitate zugrunde gehen.

Darüber hinaus möchte ich ein Gesetz zum Vorteil der Witwen und jener ledigen Frauen, die sich, durch falsche Versprechungen eines Mannes verführt, an ihn gebunden haben. Ich möchte, daß dieses Gesetz den Treulosen zwinge, seine Versprechungen zu halten oder aber eine seinem Vermögen entsprechende Entschädigung zu zahlen. Ich möchte aber auch, daß das Gesetz ebenso gegen die Frauen angewandt wird, zumindest gegen diejenigen, die die Stirn haben, sich auf ein Gesetz zu berufen, das sie durch schuldhaftes Verhalten selbst übertreten haben, sofern der Beweis dafür erbracht wird. Und ebenfalls möchte ich, wie ich es in meinem Werk ›Das ursprüngliche Glück des Menschen‹ vom Jahre 1788 dargelegt habe, daß die Freudenmädchen in abgesonderte Viertel verbracht werden. Dennoch: Es sind nicht die Freudenmädchen, die am meisten an der Verschlechterung der Sitten schuld sind, sondern die Frauen der guten Gesellschaft. Indem man die letzteren bessert, wandeln sich die ersteren. Diese Kette der Brüderlichkeit wird gewiß erst einmal ein Chaos heraufbeschwören, sodann aber wird es ein harmonisches Ganzes bilden.

* Abraham hatte höchst legitime Kinder von Agar, der Dienerin seiner Frau.

Ich biete ein unfehlbares Mittel dafür an, auf welche Weise die Seele der Frau gestärkt werden könnte: indem man sie nämlich an allen Tätigkeiten des Mannes teilnehmen läßt. Und wenn sich der Mann darauf versteift, daß dies nicht möglich sei, dann soll er sein Vermögen mit der Frau teilen, und zwar nicht nach Lust und Laune, sondern nach den Regeln eines vernünftigen Gesetzes. Das Vorurteil verschwindet, die Moral hebt sich, und die Natur kommt wieder zu ihrem Recht. Fügte man dem die Priesterehe hinzu, dann würde der König auf seinem Thron gefestigt, und die französische Regierung stünde niemals in Gefahr, gestürzt zu werden.

Es ist nunmehr notwendig, daß ich noch einige Worte über die Unruhen verliere, die, so sagt man, das Dekret zugunsten der Farbigen auf unseren Inseln ausgelöst haben. Dort, wo sich die Natur voll Schaudern abwendet, dort, wo die Vernunft und die Menschlichkeit noch nicht die verhärteten Herzen erreicht haben. Dort besonders, wo die Einwohner von Teilung, Streit und Zwietracht umgetrieben werden. Es fällt nicht schwer, die hinterhältigen Initiatoren dieser aufrührerischen Erhebung auszumachen: Sie sitzen in der Nationalversammlung, sie entzünden in Europa das Feuer, das auf Amerika überspringen könnte. Die Pflanzer behaupten, daß sie als unbeschränkte Despoten über die Menschen, deren Väter und Brüder sie sind, herrschen. Sie verkennen die Naturrechte, indem sie ihrem Ursprung bis in die kleinsten Schattierungen ihrer Haut nachgehen. Diese unmenschlichen Kolonialherren sagen: Unser Blut fließt in deren Adern, aber wir werden es auch weiterhin vergessen, um, wenn nötig, unsere Begierde und unseren blinden Ehrgeiz zu befriedigen. Gerade in diesen Gegenden, so nahe der Natur, verleugnet der Vater, taub gegenüber dem Schrei des Blutes, seinen Sohn. Er erstickt in sich alles, was ihm nahe sein könnte. Was kann man da von einem Widerstand, den man ihm entgegensetzt, erhoffen? Ihn mit Gewalt zu zwingen würde ihn aufs Blut reizen; ihn weitermachen zu lassen würde bedeuten, alles Unglück nach Amerika hineinzutragen.

Eine göttliche Hand scheint allenthalben das Erbteil des Menschen, die Freiheit, zu verbreiten. Allein das Gesetz hat das Recht, diese Freiheit dann zu unterdrücken, wenn sie in Zuchtlosigkeit ausarten sollte. Aber sie muß für alle gleich sein, allein sie ist es, die die Nationalversammlung in ihrem von Klugheit und Gerechtigkeit geleiteten Gesetzeswerk leiten muß. Möge sie über dem französischen Staat wehen, und möge sie sich ebenso aufmerksam gegenüber den neuen Mißbräuchen zeigen, wie sie es bei den alten gehalten hat, wenn sie Tag für Tag erschreckender wurden. Nach meiner Meinung sollte sich die Legislative mit der Exekutive wieder aussöhnen, denn es scheint mir, daß die eine alles und die andere nichts ist, woraus schlechterdings der Verlust des französischen Weltreiches erwachsen könnte. Ich betrachte diese beiden Gewalten wie einen Mann und eine Frau, die zwar vereinigt bleiben, aber gleich an Kraft wie an Tugend sein müssen, um zusammen einen guten Haushalt zu bilden.

So ist es also wahr, daß niemand seinem Schicksal entgeht; dies habe ich heute erfahren.

Ich hatte mich entschlossen, daß diese Schrift nicht den geringsten Grund zum Lachen bieten sollte, aber das Schicksal hat anders entschieden. Dies das Faktum:

Sparsamkeit ist nicht verboten, zumal nicht in diesen schweren Zeiten. Ich wohne auf dem Land. Heute morgen um acht Uhr bin ich von Auteuil aufgebrochen und habe mich auf den Weg gemacht zu der Straße, die von Paris nach Versailles führt und wo oft die Zweispänner Passanten für wenig Geld mitnehmen. Zweifellos stand der Tag seit dem frühen Morgen unter einem schlechten Stern. Ich komme also zu der Schranke, wo ich nicht einmal den trostlosen aristokratischen Hebebaum finde.

So ruhe ich mich auf den Stufen dieses phantastischen, von Beamten bevölkerten Gebäudes aus. Es schlägt neun Uhr, und ich setze meinen Weg fort. Ein Zweispänner kommt in Sicht; ich nehme Platz, und ich komme um Viertel nach neun, zwei Uhren zeigen das gleichermaßen an, am Pont Royal an. Dort nehme ich einen anderen Wagen und eile zu meinem Drucker in der Rue Christine; denn dort kann ich nur am Vormittag vorbeikommen. Ich habe hier meine Korrekturen zu machen. Es gibt immer etwas zu tun; so wenn etwa die Seiten zu eng bedruckt oder nicht genügend ausgeschossen wurden. Ich bleibe ungefähr zwanzig Minuten da und, erschöpft von dem Marsch, den Setzer- und Druckerarbeiten, beabsichtige ich im Quartier du Temple, wo ich essen will, ein Bad zu nehmen. Ich komme dort um Viertel vor elf an, gemäß der Anzeige der Schlaguhr im Bad. Also schulde ich dem Kutscher Fahrgeld für anderthalb Stunden; aber um keinen Krach mit ihm zu bekommen, biete ich ihm achtundvierzig Sous an. Er will – wie gewöhnlich – mehr. Er lärmt herum. Ich will ihm nicht mehr geben, als ihm zukommt, denn nichts haßt der gerechte Mensch mehr, als übers Ohr gehauen zu werden. Ich drohe ihm mit dem Gesetz, er schert sich nicht darum und verlangt, daß ich ihm zwei Stunden Fahrzeit zahle. So gehen wir zu einem Ordnungshüter, den ich diskreterweise nicht mit Namen erwähne, obwohl die Amtsanmaßung, derer er sich mir gegenüber schuldig gemacht hat, eine ordnungsgemäße Anzeige verdient hätte. Sicherlich war ihm nicht klar, daß die Frau, die ihre Rechte vor ihm beanspruchte, jene Frau war, die in ihren Schriften so oft Verfechterin von Wohltätigkeit und Gerechtigkeit gewesen war. Ohne sich um meine Argumente zu kümmern, verdammte er mich unbarmherzig dazu, dem Kutscher das zu bezahlen, was der verlangte. Da ich aber das Gesetz besser kannte als er, sagte ich ihm: »Mein Herr, ich weigere mich, und ich mache Sie darauf aufmerksam, daß Sie nicht pflichtgemäß handeln.« Da geriet dieser Mann, was sage ich, dieser Tobsüchtige außer sich, drohte mir mit Gewaltanwendung, falls ich nicht auf der Stelle bezahlte, andernfalls hätte ich den ganzen Tag in seinem Büro zu verbringen.

Ich verlangte, daß man mich zum Bezirksgericht oder zum Bürgermeisteramt bringe, da ich mich wegen seiner Amtsanmaßung beschweren wollte. Der würdevolle Beamte in seinem Überrock, der so staubbedeckt und abstoßend war wie seine Rede, sagte mir daraufhin leichthin: »Vielleicht gleich vor die Nationalversammlung?« – »Das wär' schon recht«, sagte ich ihm, und halb wütend, halb albernd über das Urteilsvermögen dieses modernen Einfaltspinsels sagte ich im Weggehen: »Das könnte Ihnen wohl so passen!«

Das ist also die Sorte Mann, die über ein aufgeklärtes Volk zu Gericht sitzen soll. Den guten wie den schlechten Patrioten passiert überall das gleiche. Es herrscht allgemeine Empörung über das Durcheinander in den Sektionen und Gerichten. Es wird kein Recht mehr gesprochen; die Gesetze sind unbekannt, und die Polizei spielt sich zum Herrgott auf. Man kann die Kutscher nicht mehr wiederfinden, denen man seine Sachen anvertraut hat; sie wechseln die Nummern gerade so, wie es ihnen beliebt, und viele Leute haben schon wie ich ihre Sachen in den Kutschen verloren. Unter dem Ancien Régime mag die Gaunerei noch so groß gewesen sein, man konnte doch die Spur seiner Sachen dadurch wiederfinden, daß man die Kutscher namentlich aufrufen und jede einzelne Nummer durchsuchen ließ. So empfand man früher oder später ein Gefühl von Sicherheit. Was machen diese Friedensrichter jetzt? Was machen diese Kommissare, diese Inspektoren des neuen Regimes eigentlich? Nichts als Dummheiten und Anmaßungen. Die Nationalversammlung sollte ihre ganze Aufmerksamkeit auf den Bereich richten, der für die gesellschaftliche Ordnung zuständig ist.

Dieses Werk war schon seit einigen Tagen gesetzt; dann

hat sich die Drucklegung verzögert. Und in dem Augenblick, als Monsieur Talleyrand, dessen Name auch die Nachwelt noch in Ehren halten wird, sein Werk über die Prinzipien der öffentlichen Erziehung an die Öffentlichkeit brachte, war diese Produktion schon unter der Presse. Ich schätze mich glücklich, daß meine Ansichten mit den Ansichten dieses Redners übereinstimmen. Aber nun kann ich nicht umhin, die Presse anzuhalten; und zwar wegen der reinen Freude, die mein Herz bei der Nachricht empfand, daß der König die Verfassung unterschrieben hat und daß die Nationalversammlung, die ich diesmal geradezu anbeten könnte – der Abbé Maury ist nicht ausgenommen und La Fayette ein Gott –, einstimmig eine Generalamnestie erlassen hat. Göttliche Vorsehung, hilf, daß diese öffentliche Freude nicht zu einer falschen Illusion verkomme! Schicke uns alle unsere Flüchtlinge mit Kind und Kegel zurück, so daß ich an der Seite eines lebendigen Volkes ihrem Vorbeimarsch entgegeneile! An diesem feierlichen Tag werden wir deiner Allmacht die gebührende Ehre erweisen.

(Aus dem Französischen von Paul Noack)

Nachwort

> »Wir verdanken einer Ungebildeten sehr große Entdeckungen.«
> Mirabeau über Olympe de Gouges

Wer Robespierre, Danton und Mirabeau waren, weiß jeder – sei es aus der Schule oder aus dem Kino. Talleyrand und Lafayette zu kennen gehört zur Allgemeinbildung; selbst mit Sieyès oder Fouché verbinden die meisten eine gewisse Vorstellung.

Aber wer kennt Olympe de Gouges?

Die Erklärung der Menschen- und Bürgerrechte, glänzender Auftakt und Vermächtnis der Revolution, ist ebenso berühmt wie deren Umschwung in die Schrekkensherrschaft berüchtigt. Aber wer weiß, daß es eine ›Erklärung der Rechte der Frau und Bürgerin‹ gab und ihre Verfasserin der Guillotine zum Opfer fiel?

Daß diese Unkenntnis eine Geschichtsschreibung verschuldet, die – jedenfalls in ihren populären Versionen – immer noch die Tendenz hat, die Vergangenheit als Herrengesellschaft zu präsentieren, mag eine Publikation aus dem Jahre 1983 verdeutlichen. In einem zweibändigen ›Personen-Lexikon‹, das »3000 Biographien aus Geschichte und Politik, Kunst und Literatur, Wirtschaft und Technik« enthält, fehlt keiner der oben genannten Revolutionäre; selbst Marat, Barras, Hébert, Babeuf finden Erwähnung. Von den Frauen aus dem Spektrum der Französischen Revolution kommen indessen nur drei Aristokratinnen zur Ehre eines Artikels: Marie-Antoinette, Charlotte Corday und Madame de Staël. Für die Gleichberechtigung der Frauen, das heißt die Einlösung des universalistischen Gleichheitsversprechens der Revolution, hat sich keine von ihnen eingesetzt, wenn auch die

Königin einige der Schriften Olympes kannte und Germaine de Staël, die sich nachdrücklich für eine »Ausschließung der Frauen von den öffentlichen und bürgerlichen Rechten« aussprach, die weibliche Emanzipation lebte.

Schon der französische Historiker Michelet, der als erster die Rolle der Frauen in der Revolution würdigte und die bekanntesten unter ihnen literarisch porträtierte, pries vor allem diejenigen, die sich entweder durch jungfräulichen Heroismus (Typ: Charlotte Corday) oder durch ihr klug zurückhaltendes Wirken als beratende Gattin (Typ: Madame Roland) auszeichneten. Die politisch aktiven, in aller Öffentlichkeit Geschlechtergleichheit fordernden Frauen waren ihm suspekt, besonders wenn sie im Rufe eines freizügigen Lebenswandels standen. Freilich war der Romantiker Michelet ein zu großer Verehrer des weiblichen Geschlechts, als daß er selbst dessen aufrührerische Vertreterinnen »Monster«, »Hyänen« oder »Huren der Nation« genannt hätte, wie es deren zeitgenössische und spätere Feinde taten – erinnert sei nur an die berüchtigten Verse aus Schillers ›Glocke‹. Er war auch ein zu begeisterter Anhänger der Revolution, um – wie der Militärarzt Guillois 1904 – den weiblichen Aktivismus als »paranoia reformatoria« oder »revolutionäre Hysterie« zu diskreditieren. Aber seine Unterscheidung zwischen edlen Revolutionärinnen und fanatischen Agitatorinnen hält sich noch bis in die Schulbücher unserer Republik, wo die Rede ist vom »Zug der Weiber nach Versailles«, aber nicht von den engagierten Debatten der Frauen in den politischen Clubs.

Im letzten Jahrzehnt hat die historische Frauenforschung viel dazu beigetragen, unsere Kenntnis über die Rolle und das Selbstverständnis der revolutionären Frauen zu erweitern, zu vertiefen und zu differenzieren. Einige von ihnen sind erst durch diese Arbeiten namentlich bekannt geworden, andere erfuhren eine Neueinschätzung im Licht intensiver archivalischer Forschung und feministischer Theorie. Neben den berühmten Einzelkämpferinnen erlangten auch die revolutionären Vereinigungen der Frauen neue Aufmerksamkeit: ihre regionale Verflechtung, aber auch ihre interne Auseinandersetzung, die Klassengegensätze und politische Meinungsverschiedenheiten spiegeln.

Auch wenn die Frauenbewegung der Revolution mundtot gemacht wurde – erst von den Revolutionären selbst, dann von deren Chronisten –, so ist sie doch nicht nur das Opfer männlicher Unterdrückung, sondern ebensosehr fehlender weiblicher Solidarität. Ihre Teilnehmerinnen handelten als theorie- und handlungsfähige Individuen, die im historischen Geschlechterkonflikt sowohl Widerstands- wie Anpassungsstrategien entwickelten. Nicht alle waren Feministinnen im heutigen Sinn, aber alle traten sie mit dem Anspruch auf, den Männern gleich zu sein: nicht im Sinne einer Aufhebung der Geschlechterdifferenz, wohl aber mit der Forderung nach gesellschaftlicher und staatsbürgerlicher Gleichberechtigung.

Daß dies noch 1982 von dem bedeutenden Revolutionshistoriker Albert Soboul in einem Interview bestritten wurde, mutet merkwürdig an. Selbst wenn er dem »feministischen Blick auf die Geschichte« mißtraute, so hätte ein Blick in die ›Grande Encyclopédie‹ von 1893 (wenn schon nicht sein eigenes Quellenstudium) ihn eines Besseren belehren können. Dort ist der Text der Eingabe abgedruckt, die eine Gruppe von Frauen der Nationalversammlung als Gesetzentwurf vorlegte. Darin heißt es: »1. Alle Privilegien des männlichen Geschlechts sind voll und unwiderruflich in ganz Frankreich abgeschafft. 2. Das weibliche Geschlecht genießt die gleiche Freiheit, die gleichen Vorteile, die gleichen Rechte wie das männliche Geschlecht. 3. Das männliche Genus wird in der Grammatik nicht länger als das edlere betrachtet, denn wie alle Wesen sind auch alle Geschlechter gleichermaßen edel.« Dieser Text läßt an Deutlichkeit nichts zu wünschen übrig; er ist so klar wie die Frauenrechtserklärung Olympe de Gouges', an die Soboul sich nach seinen eigenen Worten »nur sehr verschwommen erinnert«, weil er sie »für unbedeutend« und »sehr verworren« hält. Überhaupt habe es eine feministische Bewegung während der Revolution nicht gegeben.

Der intime Kenner der Epoche übersieht geflissentlich, daß 1790 »so etwas wie ein internationales Jahr des Feminismus in Europa« war mit einschlägigen Veröffentlichungen von Mary Wollstonecraft, Theodor Gottlieb Hippel und dem Marquis de Condorcet. »Entweder«, schrieb dieser, »hat kein Glied des Menschengeschlechts wirkliche Rechte – oder alle haben die gleichen ... Warum sollte eine Gruppe von Menschen – nur weil sie schwanger werden können und sich gelegentlich unpäßlich fühlen – nicht die Rechte ausüben dürfen, die man niemals denen vorenthalten würde, die jeden Winter die Gicht plagt und die sich leicht erkälten?« Anders als Soboul zweihundert Jahre später nahm Condorcet die Menschenrechtserklärung beim Wort. Daß er mit deren Umsetzung in die gesellschaftliche wie politische Geschlechterwirklichkeit scheiterte, liefert dem marxistischen Historiker den Vorwand, den revolutionären Feminismus für irrelevant zu erklären.

Dabei war die faktische Ausgrenzung der Frauen von den staatsbürgerlichen Rechten um so ungerechter, als sie sich von Anfang an aktiv an der Revolution beteiligt hatten. Schon beim Sturm auf die Bastille waren sie präsent. Als Gruppe traten sie erstmals am 5. Oktober 1789 in Erscheinung, als sechs- bis siebentausend Pariserinnen unterschiedlicher sozialer Herkunft zu einem Protestmarsch nach Versailles aufbrachen, um dem König und der Nationalversammlung ihre wirtschaftliche Not vor

Augen zu führen und Abhilfe zu verlangen. Sie erreichten nicht nur erschwingliche Festpreise für Brot und Fleisch, sondern auch die Unterschrift Ludwigs XVI. unter die Erklärung der Menschen- und Bürgerrechte. Außerdem erzwangen sie die Übersiedlung der königlichen Familie wie der Nationalversammlung in das als aufständisch verschrieene Paris.

Auslöser des Aufstands war die Brotfrage gewesen. Die Frauen, ob ledig oder Familienmütter, litten am meisten unter der Verteuerung und Verknappung des Brotes, dem Hauptnahrungsmittel der Armen. Zu seiner Beschaffung legten sie weite Wege zurück und standen stundenlang Schlange vor den Bäckereien. An diesen Börsen der Revolution entwickelten sich die Unruhen, die nicht selten zu Ladenplünderungen und Aufständen führten. Aber die Frauen von Versailles hatten klargemacht, daß es ihnen nicht nur um die Lebensmittelversorgung ging. »Sie wollten Brot, nicht jedoch um den Preis der Freiheit«, schrieb ein zeitgenössischer Journalist. Und wann immer es galt, den politischen Ansprüchen des weiblichen Geschlechts Nachdruck zu verleihen, beriefen sich später die Revolutionären Republikanerinnen auf das Beispiel der Oktober-Frauen, die als citoyennes agiert hatten, ohne die legislatorische Genehmigung abzuwarten.

Daß die Männer, wenn es um die Erhaltung ihrer revolutionären Errungenschaften ging, den Patriotismus der Frauen gleichzeitig zu preisen und zu kanalisieren wußten, zeigt das von dem Maler David inszenierte Fest der Einheit 1793, bei dem die Frauen des 5. Oktober in aller Form zu »Heldinnen der Revolution« erklärt wurden. Da zu diesem Zeitpunkt längst feststand, daß das weibliche Heldentum vor allem darin zu bestehen hatte, »die Last der häuslichen Mühen zu tragen«, mußten die Heldinnen nach ihrer feierlichen Ehrung durch den Präsidenten des Nationalkonvents von den Kanonen absteigen und sich in die »für Frauen vorgesehenen Abteilungen der Mütter und Jungfrauen eingliedern«.

Nicht alle Frauen waren bereit, sich mit dieser ehrenvollen Abdankung zufriedenzugeben. Immerhin blickten sie auf eine vierjährige Revolutionserfahrung zurück, die mit der Formulierung von Beschwerdeheften an die Generalstände begonnen hatte. In diesen ›cahiers de doléances‹ hatten Frauen unter anderem das Recht auf bessere Bildung und auf Arbeit, gleiche Erbansprüche und ein modernes Eherecht gefordert. Später hatten sie sich, Bürgerinnen aus eigenem Recht, auf vielfältige Weise an den Ereignissen und Einrichtungen der Revolution beteiligt.

Von den Tribünen der Nationalversammlung und der Kommune waren sie den Verhandlungen der Deputierten gefolgt, hatten Zustimmung und Unmut geäußert, Petitionen eingebracht und Streitschriften verfaßt. Sie hatten Zeitungen gelesen und gegründet; sie hatten teils in den Vereinen der Männer mitgewirkt, teils nach deren Vorbild eigene Clubs ins Leben gerufen, wo sie nicht nur patriotische Wohltätigkeit pflegten, sondern staatsbürgerlichen Unterricht für Mädchen erteilten. Sogar in die Armee waren sie eingetreten. Sie hatten gelernt, in der Öffentlichkeit zu reden und die zeitgenössischen Medien, vom Theater bis zum Plakat, zu ihrer Information und für ihre Zwecke zu nutzen. Bei der Gestaltung der öffentlichen Feste hatten sie sich als unersetzlich erwiesen und ihren Beitrag zur Ausbildung einer revolutionären Symbolik geleistet. Es schien also begründet, daß die Zeitschrift der Sansculottinen 1792 frohlockte: »Freu Dich, Mutter Duchesne. Du hast Grund dazu, verflucht noch mal. Früher, wenn wir reden wollten, hat man uns den Mund gestopft mit so höflichen Sätzen wie: Du redest wie eine Frau – das hieß: wie eine dumme Kuh! Seit der Revolution ist alles anders. Die Freiheit hat uns Flügel verliehen.«

Olympe de Gouges teilte nicht das himmelstürmende

Glücksgefühl der Zeitungsschreiberinnen. Sie blieb fest auf der Erde und fragte: »O Frauen, wann hört Ihr auf, blind zu sein? Ihr werdet noch mehr verachtet, noch schlimmer verhöhnt.« Mit Hilfe der Frauen habe der Mann seine Ketten zerbrochen. Aber nun, da er selbst frei sei, herrsche er wie ein Tyrann über seine Gefährtin.

Nicht nur, daß Olympe de Gouges das Versprechen von 1789 einklagte, sie ging noch einen Schritt weiter und verbuchte die Mißerfolge der Revolution auf das Schuldkonto der Männer. Das war um so mutiger, als zu diesem Zeitpunkt das fragile Gleichgewicht zwischen den politischen Kräften sich auflöste und eine Periode krisenhafter Spannungen bevorstand. Nach der Flucht und Festsetzung des Königs ging es nicht nur um die Umwandlung Frankreichs in eine Republik, sondern auch um die Frage, was mit dem Monarchen geschehen sollte. Gleichzeitig drohte eine militärische Intervention der europäischen Mächte.

Das von den Nationalgarden veranstaltete Blutbad auf dem Marsfeld, wo entschlossene Republikaner auf dem Altar des Vaterlandes eine Petition gegen Ludwig XVI. niedergelegt hatten, spaltete die Patrioten. Girondisten und Jakobiner stritten darüber, ob die Revolution im Innern gewaltsam beendet und nach außen durch einen Präventivkrieg gesichert werden sollte. Daß Olympe sich in dieser Lage ausgerechnet an die Königin wandte mit der Aufforderung, die Frauenrechtserklärung zu unterstützen, fand wenig Beifall, zeigt aber Olympes Glauben, daß die Revolution sich nur über eine solidarische Aktion aller Frauen zugunsten ihrer politischen Mitbestimmung verwirklichen werde.

Von ihren linken Kritikern wird Olympe bis heute vorgeworfen, eine bourgeois-elitäre Politik vertreten und versäumt zu haben, sich dem Kampf der proletarischen Frauen anzuschließen. Tatsächlich galt ihr Interesse weniger dem sozialen Kampf des Vierten Standes als den individuellen Freiheitsrechten aller Frauen und der Erhaltung des bürgerlichen Rechtsstaats. Sie sah voraus, daß der Antifeminismus der Jakobiner dem der Vertreter des Ancien Régime in nichts nachstehen würde, und befürchtete eine Instrumentalisierung der Frauen zu machtpolitischen Zwecken. Damit unterschied sie sich deutlich von der nächsten Generation der Frauenkämpferinnen, die sich mit der jakobinischen Republik identifizierten und denen es mehr um die Nation als um die Autonomie der Frauen ging.

Olympe de Gouges hat sich immer wieder über die mangelnde Solidarität ihrer Geschlechtsgenossinnen beklagt, aber von sich aus offenbar nichts unternommen, um diesem Defizit abzuhelfen. Mit der wesentlich jüngeren Théroigne de Méricourt ist sie zwar bei revolutionären Festen gemeinsam aufgetreten; die Holländerin Etta Palm d'Aelders, Gründerin einer Patriotischen Gesellschaft der Freundinnen der Wahrheit, verkehrte in den gleichen liberal-aufgeklärten, bildungsbürgerlichen Zirkeln. Aber zu einer gemeinsamen Aktion dieser politisch ähnlich gesinnten Frauen ist es sowenig gekommen wie zu einem Bündnis mit den Revolutionären Republikanerinnen.

Als einzige Schriftstellerin und Theoretikerin unter den revolutionären Frauen – erst in den letzten Jahren beginnt man ihr umfangreiches literarisches Werk zu sichern, in Teilen zu publizieren und sogar an die Aufführung des einen oder anderen Theaterstückes zu denken – blieb sie eine Einzelkämpferin, von den Revolutionären Republikanerinnen durch ihre liberalreformistischen Überzeugungen getrennt und von den Salonières durch ihr provokantes öffentliches Auftreten. Madame Roland sagte von sich, daß sie nie in die Versuchung gekommen sei, Schriftstellerin zu werden: »Die Männer haben das nicht gern, und ihr eigenes Geschlecht verstößt sie. Wenn ihre Werke schlecht sind, macht man sich lustig über sie ...

Wenn sie gut sind, bestreitet man ihre Autorenschaft.« Es ist nicht ohne makabre Ironie, daß Olympe de Gouges wie Manon Roland wegen ihres politischen Engagements hingerichtet wurde, die eine, weil sie die Öffentlichkeit nicht scheute, die andere, obwohl sie sich im Hintergrund gehalten hatte.

Auch die Revolutionären Republikanerinnen waren mit Olympes Schicksal enger verbunden als sie selbst glaubten – ob sie sie nun tatsächlich, wie behauptet wird, als Agentin der Konterrevolution denunziert oder nur ihrer Verurteilung tatenlos zugesehen haben.

Schon vor der offiziellen Gründung des Club des Citoyennes Républicaines am 12. Mai 1793 trat Pauline Léon an der Spitze einer Frauendelegation im Konvent auf und forderte die Bewaffnung der Frauen. »Ihr könnt uns nicht zurückweisen ..., es sei denn, ihr würdet behaupten, die Menschenrechtserklärung besäße keine Gültigkeit für die Frauen und sie müßten sich wie die Lämmer abschlachten lassen.« Die Revolutionären Republikanerinnen unter der Führung von Rose Lacombe und Pauline Léon vertraten die Ideen der sansculottischen Volksbewegung und standen den Enragés nahe. Sie setzten sich für Festpreise, die Einrichtung von Preiskontrollen sowie rigorose Maßnahmen gegen Wucherer und Spekulanten ein. Angesichts der doppelten Gefährdung der Republik durch innere und äußere Feinde verlangten sie vom Konvent die gnadenlose Verfolgung aller Konspirationsverdächtigen mit Hilfe von Überwachungsausschüssen und Sondergerichten. Gegen die Gironde, die eine Diktatur des Terrors befürchtete, unterstützten sie Marats Forderung nach einer »Despotie der Freiheit«.

Mit diesem politischen Credo entsetzten sie nicht nur die Bourgeoisie, sondern auch das Kleinbürgertum der Handwerker und Händler, die jede Art staatlicher Zwangsreglementierung erbittert bekämpften. Während des sogenannten »Kokardenstreits« kam es zu tätlichen

Auseinandersetzungen zwischen den wirtschaftsliberalistisch gesinnten Marktfrauen, die sich gegen den Kokardenzwang wehrten, weil sie Sorge hatten, ihre royalistische Kundschaft zu verprellen, und den Anhängerinnen von Rose Lacombe und Pauline Léon, die das Zeigen des Trikoloreschmucks zum patriotischen Gesinnungstest und zum Symbol weiblicher Staatsbürgerschaft erhoben.

Der Konvent nutzte den Streit zwischen Amazonen und Marktweibern, um sich die patriotischen Eiferinnen, die er gerade noch öffentlich geehrt hatte, vom Hals zu schaffen. Nachdem ein Mitglied des Sicherheitsausschusses den Antrag gestellt hatte, den Verein der Revolutionären Republikanerinnen zu verbieten, kam es am 30. Oktober zu einer Grundsatzdebatte über das Bürgerrecht der Frauen. Der Abgeordnete Amar, der damit zu einem Klassiker des jakobinischen Antifeminismus wurde, formulierte seine prinzipiellen Einwände.

»Dürfen Frauen politische Rechte ausüben und sich in Regierungsangelegenheiten einmischen?« Seine Antwort: »Nein. Denn den Frauen fehlt es an allen Eigenschaften und Fähigkeiten, die zur Gesetzgebung und Leitung der öffentlichen Angelegenheiten nötig sind.« – »Zweitens: Dürfen sich die Frauen in politischen Vereinigungen versammeln?« Wiederum ist die Antwort negativ. Sie haben andere, wichtigere Aufgaben, zu denen sie von Natur aus bestimmt sind. »Jedes Geschlecht ruft nach der ihm eigenen Art von Beschäftigung ... Der Mann ist stark, robust, mit einer großen Energie, mit Kühnheit und Mut geboren. Da er zu allem bestimmt ist, was nach Kraft und Intelligenz verlangt, so ist auch er allein zu tiefgehenden und ernsten Meditationen fähig, die eine große Anstrengung des Geistes und lange Studien voraussetzen.« Was bleibt den Frauen? »Die Sorge um den Haushalt und die Erziehung der Kinder.« Noch ein weiteres Mittel haben sie, »dem Vaterland zu dienen«. Sie können ihren Ehemännern »wertvolle Anregungen geben« und ihren Patriotismus stärken.

Welche Folgerungen zieht Amar aus dieser republikanischen Familienidylle? »Wir glauben deshalb, daß es nicht möglich ist, daß Frauen politische Rechte ausüben. Vernichtet also diese angeblichen Volksgesellschaften.«

Zur Ehre des Konvents sei gesagt, daß sich wenigstens eine Stimme gegen Amars Antrag erhob. Der Abgeordnete Charlier hatte offenbar nicht vergessen, daß Condorcet drei Jahre vorher alle Argumente für den Ausschluß der Frauen von den Bürgerrechten Punkt für Punkt zurückgewiesen hatte, und erklärte: »Trotz der Nachteile, die man soeben anführte, ist mir das Prinzip unbekannt, auf das man sich stützen kann, um den Frauen das Recht zu entziehen, sich friedlich zu versammeln. Es sei denn, daß ihr in Frage stellt, daß die Frauen einen Teil des Menschengeschlechts darstellen. Könnt ihr ihnen dieses allen denkenden Wesen gemeinsame Recht entziehen?«

Der Konvent konnte. Die Begründung lieferte ihm der Abgeordnete Basire: »Es stellt sich einzig und allein die Frage, ob Frauengesellschaften gefährlich sind. Die Erfahrung der vergangenen Tage hat gezeigt, wie sehr sie der öffentlichen Ruhe abträglich sind. Nachdem das festgestellt ist, möge man mir nicht länger von Prinzipien reden. Ich fordere, daß als Maßnahmen zur öffentlichen Sicherheit diese Vereinigungen verboten werden, zumindest während der Revolution.« Der Konvent stimmte dem Antrag Basires zu. Einmütig verabschiedete er ein Dekret, dessen erster Artikel ohne Umschweife bestimmte: »Clubs und Vereine von Frauen sind verboten.« Mit seiner Veröffentlichung im ›Journal Officiel‹ am 30. Oktober 1793 erhielt das Dekret Gesetzeskraft.

Vier Tage später wurde Olympe de Gouges hingerichtet. Die Presse sorgte dafür, daß ihr Tod den Frauen als Lektion diente, »die Tugenden ihres Geschlechts nicht zu vergessen«, anderenfalls verlören sie nicht nur »die Achtung der Männer«, sondern endeten womöglich auf dem Schafott wie »jene Mann-Frau, jene unverschämte Olympe de Gouges«. Die Tugenden des weiblichen Geschlechts bewahren hieß: in den vier Wänden bleiben, still sein und vor allem nicht politisieren – »politiquer« war in jener Zeit ein vielverwendeter Begriff, der dazu diente, oppositionellen politischen Forderungen die Legitimität zu entziehen.

Die Revolutionärinnen waren eingeschüchtert, aber noch nicht zur sprichwörtlichen Raison gebracht. Das Verbot der Frauenclubs bedeutete zunächst keineswegs das Ende der revolutionären Bewegung der Frauen des Volkes. Sie nahmen weiterhin an den Sitzungen der politischen Gremien teil, bekundeten je nachdem ihren Unwillen oder ihre Zustimmung, trafen sich in Kneipen und diskutierten mit ihren Nachbarinnen die politischen Ereignisse. Während der Brotrevolten des Frühjahrs 1794 führten sie das Wort und bei dem großen Volksaufstand gegen die bürgerliche Regierung, die nach dem Sturz Robespierres die Macht innehatte, waren sie die entscheidende Kraft. In den Polizeiberichten erschienen sie als die »wahren Apostel der Insurrektion«, die die Männer zur Revolte aufriefen, zum Handeln antrieben und zum Widerstand gegen die Nationalgarde ermunterten. »Brot und die Verfassung von 1793« hieß der Schlachtruf, mit dem sie den Konvent zu sozialstaatlichen Maßnahmen zwingen wollten.

Die Erhebung vom Mai 1795 bildete den Höhepunkt der »weiblichen Massenbewegung«. Er war auch ihr Ende. Nachdem die Frauen am 20. Mai gewaltsam in den Konvent eingedrungen waren und die Sitzung durch ihre Forderung nach Brot gestört hatten, beschlossen die Abgeordneten noch am gleichen Tag, Frauen den Zugang zu den Tribünen zu verbieten. Da der Aufstand trotz blutiger Repression weiterging, folgte am 24. Mai ein Dekret, das den Frauen gebot, »sich unverzüglich in ihre Wohnungen zu begeben«, und ihnen unter Androhung von Haft untersagte, »sich in Gruppen von mehr als fünf Personen auf der Straße zu versammeln«. Wie wirkungsvoll dieses mit Polizeigewalt durchgesetzte Verbot war, erfahren wir wiederum aus den Polizeiberichten. Am 27. Mai heißt es: »Die Festnahme und Einkerkerung der Terroristen vollzieht sich ohne Probleme: Die Männer schauen zu, und die Frauen schweigen.« Am 30. Mai: »Die öffentliche Ruhe ist völlig wiederhergestellt. Die Männer sind an ihre Arbeit zurückgekehrt, die Frauen in ihre Familien. Sie schweigen über die politischen Ereignisse.«

Nachdem die Frauen auf diese Weise endgültig aus dem öffentlichen Leben ausgeschlossen waren, verloren sie durch den Code Napoléon von 1804 auch noch die meisten der bürgerlichen Rechte, die ihnen während der Revolution zugestanden worden waren. Lediglich die Volljährigkeit mit einundzwanzig Jahren und die Erbberechtigung der Töchter blieben bestehen. Von Ausnahmefällen abgesehen, standen die Frauen ihr Leben lang unter der Vormundschaft von Männern, zuerst des Vaters, dann des Gatten. Sie durften weder Urkunden allein unterzeichnen noch als Zeuginnen Akten bestätigen. Zur Eheschließung bedurften sie der Zustimmung ihres Vormunds. Das Eheverhältnis wurde so definiert, daß der Mann als Versorger auftrat und die Frau ihm Gehorsam schuldete. Über ihren Besitz durfte die Frau nur mit Erlaubnis des Mannes verfügen. Für Ehebruch wurde sie schwer bestraft, er mit einer Geldbuße belegt.

Kein Wunder, daß die Frauen sich fragten, »wozu die Revolution gut gewesen sei«. Sie hätten diese Frage mit noch größerer Berechtigung gestellt, wenn sie die Zukunft vorausgesehen hätten.

Die Revolution von 1848 verlief nach dem gleichen Muster wie die von 1789. Kaum war die Republik ausgerufen, engagierten sich die Frauen im Kampf um soziale und politische Rechte. Die Saint-Simonistin Jeanne Deroin forderte von der provisorischen Regierung die Ausweitung des »allgemeinen« Wahlrechts auf die Frauen. Sie wurde vertröstet mit dem Argument, daß nur die Konstituierende Versammlung ein solches Gesetz beschließen könne. Also wurde die Konstituante ohne Beteiligung der Frauen gewählt. Als Jeanne Deroin daraufhin ihre Kandidatur für die Gesetzgebende Versammlung anmeldete, wurde dieses Ansinnen als verfassungswidrig zurückgewiesen.

Die ausschließlich von Männern gewählte und besetzte Nationalversammlung ergriff die erste Gelegenheit, um mit der Arbeiterklasse auch das weibliche Geschlecht aus der Cité auszuschließen. Nach den Aufständen vom Juni wurden politische Clubs vorübergehend verboten und in einem Zusatzartikel untersagt. Am Ende der Zweiten Republik hatten die besitzenden Frauen nicht einmal mehr das Recht, ihre Stimme zu delegieren. Der Versuch, die Arbeiterinnenvereine in einer großen Föderation zusammenzuschließen, löste scharfe Repressionsmaßnahmen seitens der Regierung aus.

Während der Kommune, an der die Frauen wiederum aktiven Anteil nahmen, klagten sie ihr Mitspracherecht in den Stadtviertelkomitees und den übrigen revolutionären Gremien ein. Ohne Erfolg. Weder unter den neunzig Mitgliedern des Kommunenrates noch in der Kommission befand sich auch nur eine einzige Vertreterin des weiblichen Geschlechts. Wie 1848 waren die Sozialisten gespalten: Die einen rühmten »die unentbehrliche Mithilfe der Frauen beim Triumph der sozialen Revolution«, die anderen warnten (in der Tradition des jakobinischen Antifeminismus) vor ihrem »verderblichen Einfluß«. »Man muß sie unter strikter Kontrolle halten«, erklärte einer der Führer des Aufstandes, »um sie zum Arbeiten zu zwingen.« Nach der »Blutwoche« befolgten die Sieger den Rat des Revolutionärs, indem sie einen Teil der an der Erhebung beteiligten Frauen zum Tode verurteilten und die übrigen in die Verbannung schickten.

In der Urteilsbegründung finden sich die gleichen Argumente, mit denen die Guillotinierung Olympe de Gouges' knapp hundert Jahre zuvor gerechtfertigt worden war: Die Anführerinnen hätten ihr Geschlecht beleidigt, indem sie »die großartige Rolle der Frau zurückgewiesen« und sich angemaßt hätten, »Advokaten, Richter, womöglich Abgeordnete, und, wer weiß, vielleicht sogar Kommandeure und Armeechefs zu werden«.

Bis dahin sollte noch viel Zeit vergehen. Aber das naturrechtliche Erbe der Aufklärung war nicht vergessen, auch wenn die bürgerliche Republik die gesellschaftliche Arbeitsteilung zum Naturgesetz hypostasierte: den Frauen die kreatürlich-reproduktiven Aufgaben im privaten Bereich, den Männern die geistig-politische Kreativität in Öffentlichkeit und Erwerbsleben.

Gegen Ende des 2. Kaiserreichs formierte sich eine neue Frauenbewegung in Frankreich, um »das Programm der Frauen der Revolution wiederzubeleben« und an das Argumentationskonzept Condorcets anzuknüpfen. In den achtziger Jahren war ihre radikalste Sprecherin Hubertine Auclert, Gründerin einer Gesellschaft für das Recht der Frau und Herausgeberin einer Zeitschrift mit dem programmatischen Titel ›La Citoyenne‹. Von ähnlich provokativem Temperament wie Olympe de Gouges forderte sie die weibliche Staatsbürgerschaft einschließlich der Rechte zu wählen und gewählt zu werden. Zur 100-Jahr-Feier der Revolution schrieb sie: »Unsere Regierenden, die weder den Mut noch die Großherzigkeit haben, das Werk der Revolution zu vollenden und aus achtzehn Millionen Sklavinnen achtzehn Millionen Bürgerinnen zu machen, sollten wenigstens die Absicht kundtun, die Rechtsgleichheit der Frauen baldmöglichst sicherzustellen.« Sie hüteten sich.

Mehr als ein halbes Jahrhundert dauerte es noch, bis die französischen Frauen das Wahlrecht erhielten und die volle rechtliche wie gesellschaftliche Gleichstellung mit den Männern. Anläßlich des 200. Jahrestags von 1789 forderten in Paris die »Generalstände der Frauen« eine Verfassungserklärung: Neben *Rasse* und *Religion* soll auch das *Geschlecht* vor Diskriminierung konstitutionell geschützt werden – eine Hommage an Olympe de Gouges.

Marieluise Christadler

Bibliographie

1. Texte

Olympe de Gouges' Werke sind in vier verschiedenen Ausgaben zwischen 1788 und 1793 erschienen; jede Ausgabe besteht aus zwei oder drei Bänden. Daneben existiert eine große Zahl literarischer und politischer Einzelschriften, die von Olivier Blanc (in *Olympe de Gouges.* Paris 1981) minutiös aufgelistet worden sind. Benoîte Groult hat ihrer Auswahlausgabe der *Oeuvres* (Paris 1986) eine umfangreiche biographische Skizze vorangestellt. Ferner liegen bisher zwei deutsche Auswahlausgaben der Schriften Olympes vor: *Marie Olympe de Gouges (1748–1793), Protagonistin im Kampf um die Rechte der Frau. Politische Schriften in Auswahl.* Herausgegeben von M. Wolters und C. Sutor. (Hamburger Historische Studien, Band 8. Hamburg 1979), hier die Originaltexte in Französisch, sowie *Olympe de Gouges: Schriften.* Herausgegeben von M. Dillier, V. Mostowlansky und R. Wyss (Frankfurt/Main 1980).

2. Literatur zu Leben und Werk

Biographische Informationen »aus erster Hand« bieten die zeitgenössischen Memoiren, von denen hier nur einige aufgeführt werden können. Einen großen – negativen – Einfluß auf das Bild Olympes haben die wenigen Seiten in Restif de la Bretonnes *L'Année des Dames Nationales* (1794) gehabt. Längere Passagen über Olympe finden sich unter anderem in den *Mémoires de Fleury de la Comédie Française* (Paris 1836), in den *Mémoires* von J. A. Dulaure (Paris 1860) sowie in Charles Nodier: *Souvenir de la Révolution et de l'Empire* (Paris 1831). Darüber hinaus finden sich zahlreiche Nennungen in den zeitgenössischen Pariser Zeitungen und Zeitschriften. Über Olympes Verhaftung und Prozeß berichtet unter anderem H. A. Wallon: *Histoire du Tribunal révolutionnaire de Paris* (Paris 1880–1882).

Im 19. Jahrhundert folgten vereinzelte Nennungen in Enzyklopädien, etwa in *Les Siècles Litteraires de la France* (1800). Eine erste ausführliche Studie stammt von E. Lairtullier: *Les Femmes célèbres de 1789 à 1795 et leur influence dans la Révolution* (Paris 1840). Großen Einfluß auf das Frauenbild, damit auch auf das Bild Olympe de Gouges', hatte Jules Michelet mit *Les Femmes de la Révolution* (Paris 1854; deutsch: *Die Frauen der Revolution.* Frankfurt/Main 1984). Wenige Jahre später,

1864, hat Charles Monselet in seinem Werk *Les Originaux du siècle dernier* Olympe unter *Les Oubliés et les Dédaignés* des 18. Jahrhunderts eingereiht.

Die wissenschaftliche Beschäftigung mit Olympe de Gouges beginnt um die Wende zum 20. Jahrhundert mit Léopold Lacour: Olympe de Gouges. In: *Trois Femmes de la Révolution* (Paris 1900) und – fast zeitgleich – mit E. Forestié: Olympe de Gouges. In: *Recueil de l'Academie des Sciences, Belles-Lettres et Art de Tarn et Garonne* (Montauban 1901). Nach einer langen Pause folgte die bisher umfangreichste und verläßlichste Studie von Olivier Blanc: *Olympe de Gouges* (Paris 1981; [2]1989; deutsch: *Olympe de Gouges.* Wien 1989). Von dokumentarischem Interesse über Olympes Jahre in Montauban ist der Roman von Geneviève Chauvel: *Olympe* (1987).

Jüngere Studien über Olympe de Gouges beinhalten eine Bewertung Olympes im Rahmen der Frauenbewegung. So unter anderem Paule-Marie Duhet: *Les Femmes et la Révolution 1789–1794* (Paris 1971). Hannelore Schröder und Theresia Sauter versuchen eine Einordnung des politischen Hauptwerks Olympes in die feministische Theorie in ihrem Aufsatz: Zur politischen Theorie des Feminismus – Die Deklaration der Rechte der Frau und Bürgerin von 1791. In: *Aus Politik und Zeitgeschichte,* B 48/1977, S. 29–54. Zum selben Thema sind des weiteren erschienen: Ute Gerhard: Menschenrechte auch für Frauen. Der Entwurf der Olympe de Gouges. In: *Kritische Justiz,* 20/1987, S. 127 bis 149. – F. Hassauer: Gleichberechtigung und die Guillotine: Olympe de Gouges und die feministische Menschenrechtserklärung der Französischen Revolution. Eine Fallstudie in programmatischer Absicht. In: *Weiblichkeit in geschichtlicher Perspektive.* Herausgegeben von U. A. J. Becher und J. Rüsen (Frankfurt/Main 1988), S. 259–291. – S. Kestenholz: *Gleich vor dem Schafott. Portraits französischer Revolutionärinnen* (Darmstadt 1988), S. 11–60. – U. Gerhard: Menschenrechte – Frauenrechte 1789. In: *Sklavin oder Bürgerin? Französische Revolution und neue Weiblichkeit 1760–1830.* Herausgegeben von Viktoria Schmidt-Linsenhoff (Marburg 1989), S. 55–72. – Ruth Jung: »Meine Stimme wird sich noch aus des Grabes Tiefe Gehör zu verschaffen wissen.« Olympe de Gouges – Streiterin für Frauenrechte. In: *Sklavin oder Bürgerin? Französische Revolution und neue Weiblichkeit 1760–1830.* Herausgegeben von Viktoria Schmidt-Linsenhoff (Marburg 1989), S. 73 bis 87. – G. Thiele-Knobloch: Olympe de Gouges. In: *Frauen und Schule,* 26/1989, S. 9–13. – Marieluise Christadler: Von der Tribüne aufs Schafott. Frauen und Politik 1789–1795. In: *Freiheit, Gleichheit, Weiblichkeit. Aufklärung, Revolution und die Frauen in Europa.* Herausgegeben von Marieluise Christadler (Opladen 1990).

Personenregister

Frauen-sachen

Christa Rotzoll:
Frauen und Zeiten
Portraits
dtv 11352

Régine Pernoud:
Christine de Pizan
Das Leben einer außergewöhnlichen Frau
und Schriftstellerin
im Mittelalter
dtv 11192

Esther Vilar:
Der dressierte Mann
Das polygame
Geschlecht
Das Ende der Dressur
dtv 10821

Frauen berichten vom
Kinderkriegen
Hrsg. von Doris Reim
dtv 10242

Nancy Friday:
Eifersucht
dtv 11020

Roswitha Fröhlich:
Ich und meine Mutter
Mädchen erzählen
dtv 11194

Angelika Grauer/
Peter F. Schlottke:
Muß der Speck weg?
Der Kampf ums
Idealgewicht
dtv 10808

Yue Daiyun:
Als hundert Blumen
blühen sollten
Die Odyssee einer
modernen Chinesin
dtv 11040

Dacre Balsdon:
Die Frau in der
römischen Antike
dtv 11042

Das neueste
Emma-Buch
Herausgegeben von
Alice Schwarzer
Mit Zeichnungen
von Franziska Becker
dtv 11375

Kate Millett:
Sita
Geschichte einer
Frauenbeziehung
dtv 11086

Kate Millett:
Im Basement
Meditationen über
ein Menschenopfer
dtv 11193

Gisela Brinker-Gabler/
Karola Ludwig/
Angela Wöffen:
Lexikon
deutschsprachiger
Schriftstellerinnen
von 1800 bis 1945
dtv 3282

Dorothee Sölle:
Und ist noch nicht
erschienen, was wir
sein werden
Stationen einer
feministischen
Theologie
dtv 10835

Doris Lessing im dtv

Foto: Isolde Ohlbaum

Martha Quest

Die Geschichte der Martha Quest, die vor dem engen Leben auf einer Farm in Südrhodesien in die Stadt flieht. dtv/Klett-Cotta 10446

Eine richtige Ehe

Unzufrieden mit ihrer Ehe sucht Martha nach neuen Wegen, um aus der Kolonialgesellschaft auszubrechen. dtv/Klett-Cotta 10612

Sturmzeichen

Martha Quest als Mitglied einer kommunistischen Gruppe in der rhodesischen Provinzstadt gegen Ende des Zweiten Weltkriegs. dtv/Klett-Cotta 10784

Landumschlossen

Nach dem Krieg sucht Martha in einer Welt, in der es keine Normen mehr gibt, für sich und die Gesellschaft Lösungen. dtv/Klett-Cotta 10876

Die viertorige Stadt

Martha Quest geht als Sekretärin und Geliebte eines Schriftstellers nach London und erlebt dort die politischen Wirren der fünfziger und sechziger Jahre. dtv/Klett-Cotta 11075

Vergnügen · Erzählungen
dtv/Klett-Cotta 10327

Wie ich endlich mein Herz verlor
Erzählungen
dtv/Klett-Cotta 10504

Zwischen Männern
Erzählungen
dtv/Klett-Cotta 10649

Nebenerträge eines ehrbaren Berufes · Erzählungen
dtv/Klett-Cotta 10796

Die Höhe bekommt uns nicht
Erzählungen
dtv/Klett-Cotta 11031

Ein nicht abgeschickter Liebesbrief
Erzählungen
dtv/Klett-Cotta 25015 (großdruck)

Die andere Frau

Eine auf den ersten Blick klassische Dreiecksgeschichte, die bei Doris Lessing jedoch einen ungewöhnlichen Ausgang findet.
dtv/Klett-Cotta 25098 (großdruck)

Irmgard Keun im dtv

Foto: Isolde Ohlbaum

Das kunstseidene Mädchen

Doris will weg aus der Provinz, die große Welt erobern. In Berlin stürzt sie sich in das Leben der Tanzhallen, Bars und Literatencafes – und bleibt doch allein. dtv 11033

Das Mädchen, mit dem die Kinder nicht verkehren durften

Von den Streichen und Abenteuern eines Mädchen, das nicht bereit ist, die Welt einfach so zu akzeptieren, wie sie angeblich ist. dtv 11034

Gilgi – eine von uns

Gilgi ist einundzwanzig und hat einiges satt: die Bevormundung durch ihre (Pflege-)Eltern, die »sich ehrbar bis zur silbernen Hochzeit durchgelangweilt« haben, die »barock-merkantile« Zudringlichkeit ihres Chefs und den Büroalltag sowieso. Da trifft es sich gut, daß sie sich in Martin verliebt. Doch als sie bei ihm eingezogen ist, kommen Gilgi Zweifel ... dtv 11050

Nach Mitternacht

Deutschland in den dreißiger Jahren. Ein Konkurrent hat Susannes Freund Franz denunziert. Als er aus der »Schutzhaft« entlassen wird, rächt er sich bitter, und Susanne muß sich entscheiden ... dtv 11118

Kind aller Länder

Die zehnjährige Kully und ihre Eltern verlassen Deutschland, weil der Vater als Schriftsteller bei den Nazis unerwünscht ist. Es beginnt eine Odyssee durch Europa und Amerika ... dtv 11156

D-Zug dritter Klasse

In der Zeit des Nationalsozialismus treffen in einem Zug von Berlin nach Paris zufällig sieben Menschen aus unterschiedlichsten Gesellschaftsschichten und mit unterschiedlichsten Reisemotiven zusammen ... dtv 11176

Ferdinand, der Mann mit dem freundlichen Herzen

Ferdinand ist ein Mann unserer Tage, eine provisorische Existenz, wie wir es ja mehr oder weniger alle sind. Es geht ihm nicht gut, aber es gelingt ihm, meistens heiter zu sein, das Beste aus seinem Leben zu machen. dtv 11220

Ich lebe in einem wilden Wirbel
Briefe an Arnold Strauss
1933 bis 1947
dtv 11229

Joyce Carol Oates im dtv

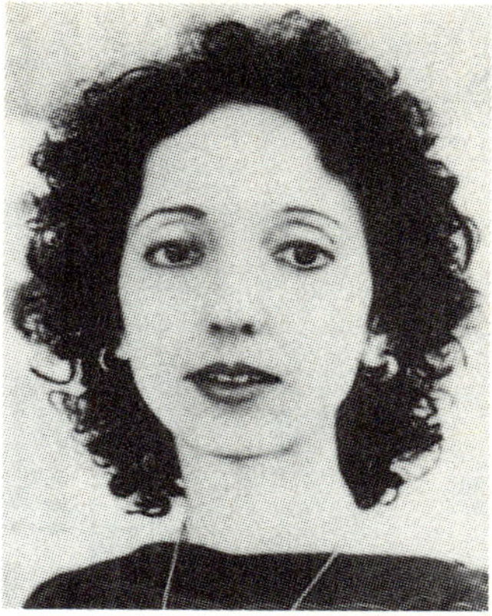

Grenzüberschreitungen

Zart und kühl, bitter und scharf analysierend, erzählt die Autorin in fünfzehn Kurzgeschichten von der alltäglichen Liebe, dem alltäglichen Haß und ihren lautlosen Katastrophen. dtv 1643

Jene

Die weißen Slumbewohner in den Armenvierteln des reichen Amerika, die sich nicht artikulieren können, sind die Helden dieses Romans. Die Geschichte einer Familie, aber auch die Geschichte Amerikas. dtv 1747

Lieben, verlieren, lieben

Von ganz »normalen« Menschen erzählt die Autorin, vor allem von Frauen, von Hausfrauen, Ehefrauen, Müttern und Geliebten. dtv 10032

Ein Garten irdischer Freuden

Ein Mädchen will ihren ärmlichen Verhältnissen entfliehen. Sie tut es – nichts anderes bleibt ihr übrig – mit Hilfe von Männern. dtv 10394

Bellefleur

Der Osten der USA ist der Schauplatz dieser phantastischen Familiensaga. Aus dem Leben der Menschen des Hauses Bellefleur wird ein amerikanischer Mythos. dtv 10473

Im Dickicht der Kindheit

In einem Provinznest lebt die starke, in ihrer Sinnlichkeit autonome Arlene mit ihrer jungen Tochter Laney, deren Schönheit und Wildheit der vierzigjährige Aussteiger Kasch verfällt. dtv 10626

Engel des Lichts

Die Geschichte einer alten Familie in Washington, die zwischen Politik und Verbrechen aufgerieben wird. dtv 10741

Unheilige Liebe

Auf dem Campus einer exklusiven Privatuniversität spielen die Mitglieder des Lehrkörpers eine »Akademische Komödie des Schreckens«. Sie lieben sich, sie hassen sich, aber keines dieser Gefühle hält vor. dtv 10840

Letzte Tage

Amerikanische Kleinstädte und europäische Metropolen sind die Schauplätze dieser sechs Erzählungen. dtv 11146

Die Schwestern von Bloodsmoor

Ein romantischer Roman, aber auch eine sarkastische Abrechnung mit den USA nicht nur des vorigen Jahrhunderts. dtv 11244

Angelika Schrobsdorff im dtv

© Isolde Ohlbaum

Die Reise nach Sofia

Die Begegnungen zweier Jugendfreundinnen, von denen die eine heute in Paris, die andere in Sofia lebt, werden zum Ausgangspunkt amüsant geplauderter, aber mit analytischer Ironie erfaßter Beobachtungen über Konsum und Liebe, Freiheit und Glück in Ost und West. »Der Sinn dieser Geschichte ist so uneindeutig wie die Wirklichkeit selbst. Sie gestatten dem Leser, zu seinem größten Vergnügen, sie durch seine eigenen Gedanken, seine eigene Phantasie weiterzuspinnen«, schrieb Simone de Beauvoir in ihrem Vorwort. dtv 10539

Die Herren
Roman

Die Herren, das sind nicht nur die politischen Machthaber, sondern auch die Männer, die das Leben der jungen Eveline Clausen geprägt haben: Boris, die erste Liebe, der Engländer Julian, der amerikanische Offizier, der sie heiratet, der Regisseur Werner Fischer, an dem ihre Ehe zerbricht und dessen Künstlerpathos sie doch so rasch leid wird. dtv 10894

Jerusalem war immer eine schwere Adresse

Der Staat Israel ist in den Augen von Angelika Schrobsdorff »das interessanteste, irrwitzigste Land der Welt«, er fasziniert und erschreckt sie zugleich. Ihre genaue Beobachtungsgabe, ihre Ehrlichkeit und ihre sanfte Ironie geben diesem Bericht über einen scheinbar aussichtslosen Konflikt zweier Völker seine befreiende Wirkung. dtv 11442

Der Geliebte
Roman

Zwei Menschen von gänzlich verschiedener Lebensauffassung suchen nach einer Perspektive für ihre Beziehung. Während er sich energisch bemüht, eine dunkle Vergangenheit zu vergessen, weiß sie, daß die einfachen Lösungen nicht für sie taugen. – Im Schicksal der Personen spiegeln sich, Angelika Schrobsdorffs Züge aus eigenem Leben. dtv 11546

Das Buch

»Wenn die Frauen ein Recht aufs Schafott haben, so haben sie auch ein Recht auf die Rednertribüne.« Olympe de Gouges, die diesen stolzen Satz 1791 formulierte, hat die Rednertribüne nie betreten, gleichwohl das Schafott. 1748 als uneheliche Tochter eines französischen Adligen in Montauban geboren, läßt sie die Enge des Kleinstadtlebens bald hinter sich. Sie fühlt sich zu Höherem geboren. Als Femme galante in der vornehmen Pariser Gesellschaft verschafft sie sich bald materielle Sicherheit, um als Femme de lettres in Aktion treten zu können. In der Folge bombardiert sie die Pariser Öffentlichkeit mit Offenen Briefen, Dringlichen Mitteilungen, Ratschlägen, Streitschriften, und sie verfaßt Theaterstücke. Die zierliche Schönheit, eine zähe Kämpfernatur mit schier unbezähmbarem Temperament, wird zur beherzten Fürsprecherin der gesellschaftlich Schwachen: der Farbigen sowie der Frauen. 1791 erscheint ihr für uns heute interessantestes Werk, die ›Erklärung der Rechte der Frau und Bürgerin‹: ein ausschließlich auf Frauenbelange umgemünztes Pendant zur ›Erklärung der Menschenrechte‹.

Der Autor

Paul Noack, am 28. September 1925 in Hagen geboren, studierte Germanistik, Romanistik und Neuere Geschichte. Ab 1953 war er politischer Redakteur der ›Frankfurter Allgemeinen Zeitung‹, dann des ›Münchner Merkur‹, zuletzt dessen stellvertretender Chefredakteur. Von 1968 bis 1986 war er Ordinarius für Politische Wissenschaft an der Universität München. Paul Noack lebt in der Nähe von München. Veröffentlichungen u. a.: ›Die Intellektuellen‹ (1961 und 1991), ›Internationale Politik‹ (1970).